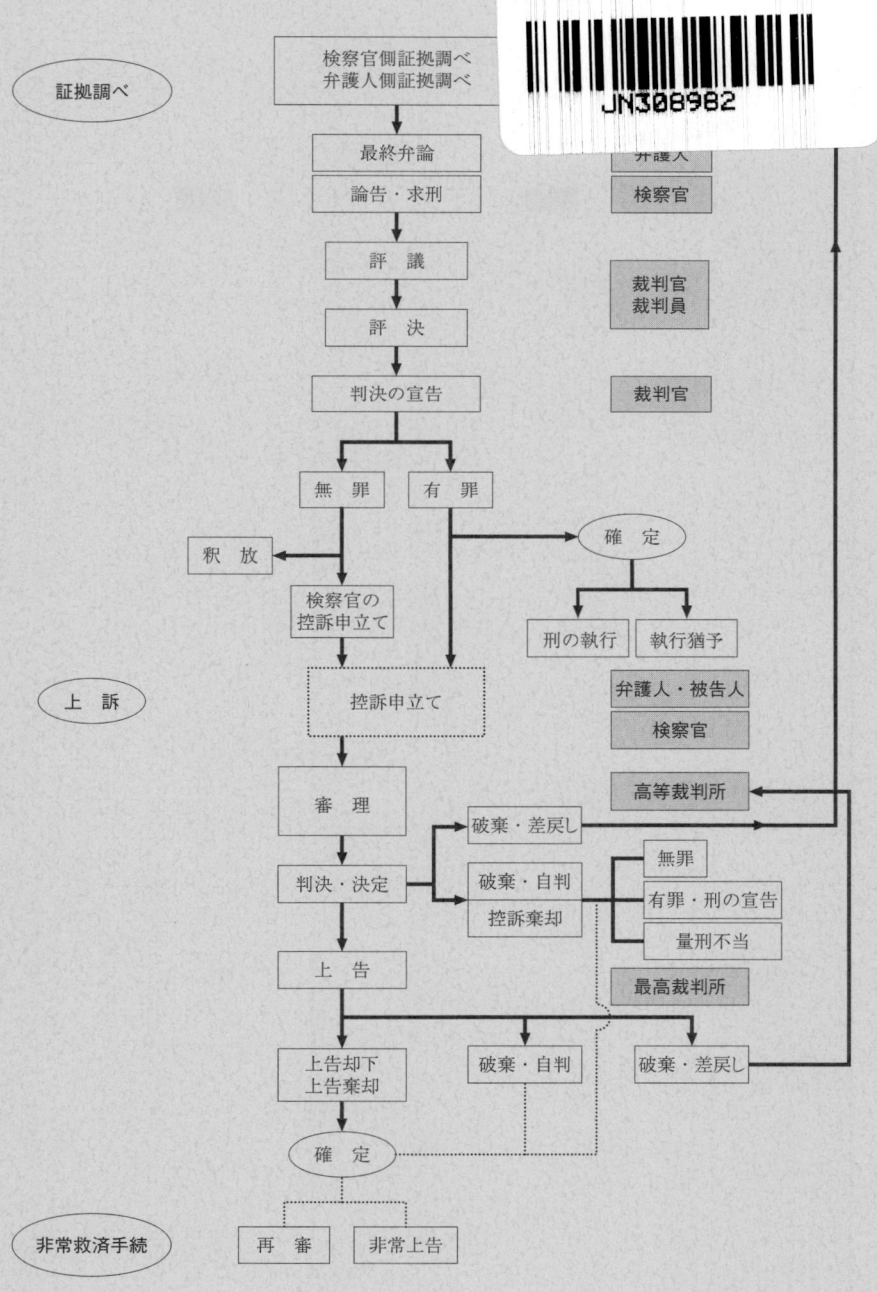

裁判員のための刑事法ガイド

村井敏邦 著

法律文化社

はしがき

　ここに,『陪審手引』という1931（昭和6）年に発行された一冊の小冊子があります。その「はしがき」は次のように始められています。

　「陪審法は我国未曾有の大法である。実施前の莫大の予算を投じ宣伝に努めた当局が，実施後何らこれを指導しないのは，洵に遺憾である。」

　陪審法は，これより3年前の1928（昭和3）年に実施されています。その後,「陪審法の精神が，未だ一般国民に徹底していない」ことを憂えて，民間団体である「大日本陪審協会」が，陪審員のためのガイドとして発行したのが，上記のパンフレットです。

　本書も,「裁判員のための刑事法ガイド」と題されているように，裁判員に選ばれる可能性のある一般市民の方たちを対象として，裁判員制度を含む刑事法の内容をできるだけわかりやすく解説したものです。殺人罪とか詐欺罪とか，犯罪についてはメディアの報道を通じて，少なくとも聞いたことはあっても，刑法とか刑事訴訟法とかの法律を実際に読んでみたという人は，一般市民の方たちの中には，それほどいないでしょう。まして，刑法や刑事訴訟法上の専門用語について，知らない人がほとんどでしょう。

　裁判員は，そうした専門的なことを知らなくてもよいことになっています。専門的なことは，裁判官や検察官，弁護人がわかるように説明してくれるはずです。アメリカやイギリスの陪審裁判では，検察官や弁護人は陪審員に語りかける調子で弁論を行い，事実調べが終わって，陪審員が評議のために評議室に入る前には，裁判官が陪審員のために何を評議すべきかをわかりやすく説明することになっています。

　私がイギリスで見た窃盗に関する陪審裁判では，評議に入る前の裁判官の説明（これは「説示」と呼ばれています）で，窃盗罪の要件を説明し，証拠と照らしてこれらの要件に当てはまることが証明されているかを議論し，そのひとつ

でも証明されていないという結論に達した場合には，有罪とすることは出来ないことを，外国人の私でもわかる言葉で語りかけていました。

　裁判員制度のもとでも，法律家たちは法律家以外の人にもわかる言葉で法律用語を説明して，裁判員に語りかけるはずです。それが裁判員制度を実施する当然の前提です。

　ただし，英米の陪審制度と違う点があります。英米の陪審制度では，陪審員は，被告人がやったと検察官の主張する犯罪事実の証明だけについて，判断をするのでよいのですが，裁判員は，事実の証明だけでなく，それがどのような犯罪になるかという法律の適用と，どの程度の刑を科すべきかという量刑についても判断しなければなりません。

　これまでも，一般の人向けの法律解説書がなかったわけではありませんし，そうしたものの必要性がなかったわけでもありません。人はいつ罪を犯したという疑いを受けるかわかりません。もし，自分がそのような疑いを受けた場合に，どうすればよいのか，ということについて最低限の知識は持っていたいと考える人は，必ずしも少なくないでしょう。それでも，これまでは，そうした人のための法律解説書の必要性は，それほどの切実感を持っていなかったかもしれませんが，裁判員制度の実施によって，一般人向けの刑法，刑事訴訟法の解説書がより一層必要になったと考えられます。

　本書は，「裁判員のための」と銘打っていますが，裁判員になる人だけではなく，広く一般の人，大学生だけではなく，高校生や中学生の法教育のための教材ということも意識して書かれたものです。

　刑事手続の全体を示し，刑法総論と刑法各論について，少し詳しく述べたのは，そうした意識の反映です。できるだけわかりやすくすることに努めましたが，まだ専門的なところがあってわかりにくい箇所があるかもしれません。読者の反応を見て，改善したいと思っています。

　本書の構成は，まず第Ⅰ部で裁判員制度について，第Ⅱ部で刑事手続について解説，第Ⅲ部で犯罪の要件と刑罰について説明し，最後に，第Ⅳ部で裁判員裁判の対象になる犯罪についての説明をしています。刑事手続は裁判員が関わる手続だけではなく，その前後も含めて，一応，全体について解説をしていま

す。できるだけわかりやすいように，架空の事例を用いて，刑事手続や刑法についての説明をしました。ただし，単なる解説だけではなく，私の意見を加え，また，問題点などの指摘もあります。閑話休題的なトピック欄も設けました。巻末には，参考条文（本書で登場する条文および陪審法のうち重要なもの）もあげておきました。

　本書のアイディア自体は数年前からあり，当初は裁判員のための刑法を書くということで進めていました。しかし，それが具体化したのは，裁判員時代の刑事裁判手続の教科書を作りたいという法律文化社の企画とドッキングした時からです。

　そうしたいきさつで生まれた本書は，一般市民の方の裁判員裁判入門という性格とあわせて，法学部の学生にも刑事法のガイドとしての役割を果たすものとなっていると思います。

　　2008年　8月

村井　敏邦

目　次

はしがき

はじめに：今，なぜ，裁判員制度なのか？ ………………………………… 1

第 I 部
あなたが裁判員に選ばれたら
裁判員制度の概要

① あなたが裁判員に選ばれるまで ………………………………… 9
  1　裁判員候補者名簿への登載　9
  2　裁判員候補者としての呼出し，選任までの手続　14

② 裁判員としての心構え ………………………………………… 20
  1　裁判員の役割　20
  2　裁判員を保護するための措置　21
  3　裁判員がしてはいけないこと　22

③ 裁判員制度の問題点 …………………………………………… 24
  1　裁判員制度は憲法違反？　24
  2　裁判員裁判は冤罪を生む？　24
  3　量刑が厳しくなる？　25
  4　報道の自由がなくなる？　26

第 II 部
裁判員制度下での刑事手続

① 刑事手続の基本原則 …………………………………………… 31
  1　有罪を宣告されるまではすべての被告人を無罪として扱う　31
  2　適正な手続を保障する　31
  3　公平な裁判を保障する　32

4　迅速な裁判を保障する　33

② **裁判員が関与する前の手続** …………………………… 35
　　1　事件の発生と捜査の開始　36
　　2　証拠の収集から犯人逮捕へ　38
　　3　逮捕から起訴：被疑者から被告人へ　42
　　4　公判前整理手続　49

③ **裁判員が関与する手続** ……………………………………… 53
　　1　冒　頭　手　続　53
　　2　証拠調べ手続　55
　　3　論告・求刑，最終弁論　60
　　4　評議・評決　61
　　5　判決の宣告　65

④ **その後の手続** ………………………………………………… 66
　　1　上　　訴　67
　　2　再審・非常上告　69
　　3　行刑，処遇　70

⑤ **少　年　手　続** ……………………………………………… 73
　　1　少年手続と家庭裁判所　74
　　2　逆送について：少年事件が地方裁判所の事件になるとき　74

第**Ⅲ**部
裁判員にとっての刑法（総論）
犯罪を理解するための基礎知識

---

① **刑法の原則** …………………………………………………… 79
　　1　犯罪と刑罰の法定　79
　　2　犯罪と刑罰のバランス　82
　　3　明確性の原則　82

② **犯罪の成立要件** ……………………………………………… 85
　　1　被告人の行為が刑法上の罪にあたること　85
　　2　被告人の行為によって結果が発生したこと　85
　　3　被告人の行為が違法であること　87

4　被告人の行為について刑事責任を問うことができること　93
　　　5　被告人が複数いるとき　95
③　**犯罪の数え方と刑罰** ……………………………………………… 98
　　　1　一個の犯罪として認められる場合　98
　　　2　数罪となる場合　100
　　　3　被告人に科される刑罰とは　100
　　　4　刑罰の適用にあたって　105

第Ⅳ部
裁判員にとっての刑法（各論）
裁判員にかかわる犯罪

① **裁判員裁判の対象になる犯罪** ………………………………… 111
② **各犯罪の内容** ………………………………………………………… 114
　　　1　生命に対する罪　114
　　　2　身体に対する罪　116
　　　3　性的自由を侵害する罪　121
　　　4　身体の自由を侵害する罪　123
　　　5　財産に対する罪　128
　　　6　放火の罪　130
　　　7　往来妨害の罪　131
　　　8　飲料水に関する罪　134
　　　9　通貨偽造の罪　135
　　　10　ハイジャック関連の罪　136
　　　11　その他の特別法上の罪　136

刑事裁判のこれから：あなたの参加が刑事裁判をどう変えるか？ ………… 141

参考文献………………………………………………………………………145
参考条文………………………………………………………………………146

はじめに：今，なぜ，裁判員制度なのか？

日本における司法参加の歴史

　2004（平成16）年に成立した「裁判員の参加する刑事裁判に関する法律」に基づいて，2009（平成21）年には，裁判員裁判が実施されました。

　市民が参加する裁判は諸外国では何らかの形で実施されています。実は，日本でも，陪審員裁判が行われていた時期があります。第二次世界大戦前の1928（昭和3）年に「陪審法」が施行され，1943（昭和18）年，戦争が烈しくなる中で停止されるまでの15年間，日本にも陪審裁判があったのです。この陪審法は，停止されたのであって，廃止されたわけではないので，復活することも理論的には可能です。ただし，戦前の陪審裁判は，陪審員になる人が男性に限られており，また，一定以上の税金を納めている人に限られているなど，現在には適さない部分が多いので，これをそのまま復活することはできません。しかし，日本にも陪審制が実施されていた時期があり，しかも，現在から見て，表現の自由も思想の自由も制限されていた時期に15年間も続いたことは，日本人にとっても陪審制は決してなじまないというものではないことを示しています。

　戦後も，市民の司法参加を求める声は，法律実務家や学者の中に多くありました。現在の憲法制定過程においても，陪審制の復活は問題になりましたし，刑事訴訟法の制定のときにも，陪審制は話題になりました。結果として，戦前の陪審制をそのまま復活するにはあまりにも問題があるということで，今後の検討にゆだねられるということになりましたが，国民の司法参加はその後の検討課題として残されたわけです。なお，戦後改革で導入された検察審査会の制度は，国民の司法参加の1つの形態であると評価することができます。起訴するかどうかの判断を行うわけではありませんが，11人の一般市民から選ばれた人によって構成される検察審査会は，検察官が行った不起訴の判断が妥当かどうかを審査する権限を持っているのですから。

1970年代から80年代になると，裁判官による形式的な刑事裁判への批判が高まり，一般人の判断も加えるべきとの意見が，学者，弁護士などから強く出されるようになりました。

市民の司法参加の形態

諸外国の市民の司法参加の形には，大きく分けて，英米型の陪審制とドイツ型の参審制があります。この2つの制度の違いは，主として，参加する市民の役割の違いにあります。英米型の陪審制では，裁判官と陪審員の役割ははっきりと分けられており，陪審員は有罪か無罪かの事実認定だけを行い，法律的な判断と刑の宣告は裁判官の役割とされています（ただし，死刑事件についてだけは，量刑陪審を持っているアメリカの州もあります）。これに対して，ドイツ型の参審制では裁判官と参審員の役割分担がなく，市民から選ばれた参審員も，裁判官と一緒に法律的な判断に加わり，また，刑の適用も行います。1980年代までの市民の司法参加を求める人たちの多くは，英米型の陪審制度の採用を主張しています（たとえば，1988〔昭和63〕年4月30日に放映されたNHKテレビシンポジウム「開かれた裁判」では，元最高裁裁判官以外は陪審制度の推進論者）。

英米型とドイツ型の中間的な形態がフランス型陪審制です。フランス型は，市民から選ばれた陪審員は，全手続に関与するという点では，ドイツ型と近いのですが，ドイツの参審制では裁判官と市民から選ばれた参審員との数が3対2と裁判官のほうが多いのに対して，フランス型は裁判官3に対して陪審員が6ないし9と市民から選ばれた人の関与の程度が高くなっています（スイスのフランス語圏でも同様の制度があります。参考：エレン・ゴドフリー著／村井敏邦・村井のり子訳『疑わしきは…—ベルショー教授夫人殺人事件』〔日本評論社，1995年〕）。

なお，諸外国の司法への市民参加の形態については，別表（→**資料①**）で示してあります。

裁判員制度の導入まで

1990年代から2000年代へ突入すると，財界を中心として，規制緩和，新自由主義基調が強くなり，国際競争力を増強するためには，国際的に通用する法曹

資料① 市民参加の形態の国際比較

	日　本	イギリス*	アメリカ	ドイツ	フランス
名　称	裁判員	陪審員	陪審員	参審員	陪審員
資　格	20歳以上の男女	18歳以上	18歳以上	25歳以上の男女	23歳以上の男女
対象事件	死刑・無期その他の故意による死の結果の事件				重罪事件
裁判所	地方裁判所	刑事法院	地方裁判所	区、地方裁判所	重罪院
員　数	裁判員6：裁判官3 裁判員4：裁判官1	陪審員12：裁判官1 （陪審員15：裁判官1）	陪審員12：裁判官1 陪審員 6：裁判官1	参審員2：裁判官3	陪審員9：裁判官3
役　割	事実判断、法律判断、量刑ともに参加	陪審員：事実判断のみ、法律問題は裁判官	陪審員：事実判断のみ、法律問題は裁判官（死刑事件陪審を除く）	事実判断、法律判断、量刑ともに	事実判断、法律判断、量刑
評　決	構成裁判員および裁判官の双方の意見を含む合議体の員数の単純多数	原則：全員一致、2時間以上の場合10：2も可（単純多数）	原則：全員一致、州によって10対2の多数	有罪には3分の2の多数、その他は単純多数	被告人に不利な決定には8、ほかは単純多数
上　訴 (事実問題につき)	可	控訴裁判所の許可により可	不可	可（ただし、区裁事件のみ）	可
上訴審における市民参加	なし	なし	なし	区裁事件の控訴審のみあり	陪審員・裁判官15人で審理

*イングランド・ウェールズとスコットランドで相違する点は、（ ）内にスコットランドの制度を示した。

> ### Topic ① 日本の陪審裁判の幕開け
>
> 東京で最初の陪審裁判は，1928（昭和3）年12月17日，東京地裁で行われた。このときの事件は現住建造物放火未遂事件で，被告人は21歳の女性である。酒屋，こんにゃく屋，そば屋等，職業もまちまちの12人の陪審員は，この女性に無罪の評決を出した。その後この事件を元にしたテレビドラマ「帝都の夜明け」（1989年9月27日放映）が製作された。そのドラマでは，事件は夫と姑を殺す目的で，自宅に火をつけたという殺人放火事件に変えられているが，結論の無罪は実際の陪審裁判と同じ。実際の事件については，森長英三郎の『新編史談裁判(3)』（日本評論社，1984年）に「美人放火未遂陪審裁判事件」というタイトルで出ている。
>
>
> 東京で開かれた最初の陪審法廷

を養成しなければならないという声があがってきました。同時に，国民と司法との距離が遠すぎて，国民の司法へのアクセスが保障されていないということも指摘されました。そうした声に押されて，司法制度改革審議会が設けられ，2001（平成13）年6月12日には，「司法制度改革審議会意見書——21世紀の日本を支える司法制度——」が発表されました。この意見書の中で，刑事裁判について国民の参加が必要であるとして，裁判員制度の採用が提案され，これが，すでに述べた法律となって裁判員裁判が実施されることになったのです。

裁判員裁判というのは，陪審制でも参審制でもない日本独特の制度です。陪審制論と参審制論とが激しく対立する中で，いわば妥協の産物として設けられることになった制度ですが，どちらかといえば，参審制に近いものです。具体的には，各項目の説明の中で見ていきましょう。

このようにして制定され，2009（平成21）年5月21日からの実施されている制度ですが，もちろん，いろいろと問題点もあります。しかし，理想的な制度は最初からあるはずはないのです。欠点を持ちながらでも，市民が直接的に司法に参加する制度ができた以上，この制度を少しでも理想に近づけていくことができるかどうかは，市民自身の肩にかかっています。本書は，市民が裁判員

としての役割を果たしていく上で，役立つであろう刑事法の基礎的枠組みについて述べたもので，これによって，市民参加の実が少しでもあがることを願っています。

Ⅰ あなたが裁判員に選ばれたら
：裁判員制度の概要

 あなたが裁判員に選ばれるまで

1　裁判員候補者名簿への登載

名簿登載の通知　ある日，あなたのところに裁判所から一通の通知が届きました。その通知によると，あなたは，翌年の**裁判員候補者名簿**に登載されたということです。裁判員候補者は，衆議院議員の選挙権がある人から，年毎に無作為抽出で選ばれますから，20歳以上の人ならばだれでも，裁判員候補者名簿に登載される可能性があります。具体的事件を担当する裁判員候補者は，その事件について第一回公判期日が決定された後，裁判員候補者名簿登載の人からさらに無作為抽出により選ばれますので，名簿に載ったからといって，これによってあなたが裁判員候補者になったということではありません。

　この名簿と一緒に，裁判員制度の概要や裁判員の資格などについて説明した文書と調査票も，届けられるでしょう。名簿に登載された1年間は，裁判所から裁判員候補者として呼出しがある可能性があるので，そのことについての心構えをするために，名簿に登載された人にはそのことを通知することになっています。

裁判員になれない人　調査票は，裁判員としての欠格事由や就職禁止事由，その他1年間を通しての辞退事由があるか否かを調査するものです。次のような人は裁判員にはなれません（裁判員の参加する刑事裁判に関する法律14条，以下「裁判員法」という）。

＊　裁判員としての欠格事由
①　国家公務員法38条によって国家公務員になる資格のない人（成年被後見人または被保佐人，禁錮以上の刑に処せられ，その執行を終わるまでまたは執行を受けることがなくなるまでの人など）
②　学校教育法に定められている義務教育を終了していない人（ただし，義務教育を

終了した者と同等以上の学識を有する人は，この限りではありません。）
③　禁錮以上の刑に処せられた人
④　心身の故障のため裁判員の職務の遂行に著しい支障がある人

　上の④について，心身に障害があるというだけでは，裁判員としての資格がないことにはなりません。そのために，裁判員の職務の遂行に著しく支障のある場合にだけ，裁判員になることができないと判断されます。視聴覚に障害のある人の場合には，補助的手段，たとえば，補助者をつけるとか，点字や手話などの補助手段を用いることで，裁判員の職務の遂行が十分に可能です。これらの補助手段については，裁判所が用意する必要があるでしょう。
　また，次にあげる一定の職業に就いている人は裁判員になることが禁止されています（裁判員法15条）。

＊　**裁判員になることのできない職業（就職禁止事由）**
①　国会議員
②　国務大臣
③　国の行政機関の幹部職員
④　裁判官および裁判官であった人
⑤　検察官および検察官であった人
⑥　弁護士および弁護士であった人
⑦　弁理士
⑧　司法書士
⑨　公証人
⑩　司法警察職員としての職務を行う人
⑪　裁判所の職員（非常勤職員を除く）
⑫　法務省の職員（非常勤職員を除く）
⑬　国家公安委員会委員，都道府県公安委員会委員，警察職員（非常勤職員を除く）
⑭　判事，判事補，検事または弁護士となる資格を有する人
⑮　学校教育法に定める大学の学部，専攻科または大学院の法律学の教授または准教授
⑯　司法修習生
⑰　都道府県知事および市町村（特別区を含む）の長
⑱　自衛官

裁判員になることを辞退したいとき　調査票には，以上のような欠格事由や就職禁止事由のほか，一定の場合に裁判員になることを辞退することができる事由も記載されています。もしあなたが，何か理由があって裁判員になることを辞退したいと考えている場合には，調査票にそのことを記載し，または後に呼び出されたときにそのことを裁判官に申告しますと，裁判官が，あなたの事情をもっともだと判断すれば，辞退が認められます。

　辞退理由としては，以下のようなことがあげられています（裁判員法16条）。

＊　裁判員を辞退することができる事由
① 年齢70歳以上の人
② 都道府県や市区町村の議会の議員（ただし，議会が会期外である場合には，辞退理由にはなりません。）
③ 幼稚園，小学校，中学校，高等学校，中等教育学校，特別支援学校，大学，高等専門学校，専修学校または各種学校の学生または生徒で，常時通学を要する課程に在学する人
④ 過去5年以内に裁判員または補充裁判員の職にあった人
⑤ 過去3年以内に選任予定裁判員であった人
⑥ 過去1年以内に裁判員候補者として裁判員等の選任手続の期日に出頭したことがある人（ただし，選任しないという決定を受けた人は除かれます。）
⑦ 過去5年以内に検察審査会法の規定による検察審査員または補充員の職にあった人
⑧ 次に掲げる事由その他政令で定めるやむを得ない事由があり，裁判員の職務を行うことまたは裁判員候補者として裁判員等選任手続の期日に出頭することが困難な人
　　イ　重い疾病または傷害により裁判所に出頭することが困難であること。
　　ロ　介護または養育が行われなければ日常生活を営むのに支障がある同居の親族の介護または養育を行う必要があること。
　　ハ　その従事する事業における重要な用務であって自らこれを処理しなければその事業に著しい損害が生じるおそれがあるものがあること。
　　ニ　父母の葬式への出席その他社会生活上の重要な用務であって他の期日に行うことができないものがあること。

やむを得ない事由　以上の事由のうち，「その他政令で定めるやむを得ない事由」というのは何でしょう。これについては，2008

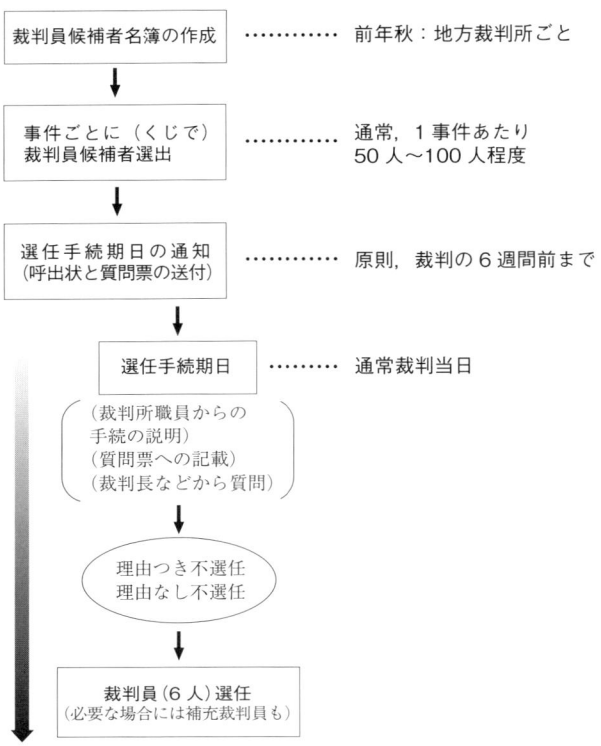

（平成20）年政令第3号「裁判員の参加する刑事裁判に関する法律第16条第8号に規定するやむを得ない事由を定める政令」において，次のように定められました。

「一　妊娠中であること又は出産の日から8週間を経過していないこと。
　二　介護又は養育が行われなければ日常生活を営むのに支障がある親族（同居の親族を除く。）又は親族以外の同居人であって自らが継続的に介護又は養育を行っているものの介護又は養育を行う必要があること。
　三　配偶者（届出をしていないが，事実上婚姻関係と同様の事情にある者を含む。），直系の親族若しくは兄弟姉妹又はこれらの者以外の同居人が重い疾病又は傷害の治療を受ける場合において，その治療に伴い必要と認められる通院，入院又は退院に自らが付き添う必要があること。

四　妻（届出をしていないが，事実上婚姻関係と同様の事情にある者を含む。）又は子が出産する場合において，その出産に伴い必要と認められる入院若しくは退院に自らが付き添い，又は出産に自らが立ち会う必要があること。
　五　住所又は居所が裁判所の管轄区域外の遠隔地にあり，裁判所に出頭することが困難であること。
　六　前各号に掲げるもののほか，裁判員の職務を行い，又は裁判員候補者として法第27条第1項に規定する裁判員等選任手続の期日に出頭することにより，自己又は第三者に身体上，精神上又は経済上の重大な不利益が生ずると認めるに足りる相当の理由があること。」

思想良心による辞退　これまで，思想良心による辞退を認めるか否かが，議論されてきました。たとえば，死刑制度に反対の人の場合，現行の刑法を適用する限りでは，死刑になる事件があるために，裁判員となった場合には，死刑の適用の可能性を考えなければなりません。極刑が相当であると判断したときに，このような人は法律と自らの良心との間で大変に困難な立場に立たされます。このような立場に立つことを嫌い，裁判員候補者として出頭の要請がきても出頭しない場合，もし，このような事由による辞退が認められないということになると，正当な理由がなく出頭しないということで，10万円以下の過料に処せられる可能性があります（裁判員法112条1号）。

　辞退事由をあまり広くすると，裁判員候補者の確保が困難になるという意見もありますが，むしろ，できるだけ気楽に裁判員になることができるほうが，裁判員になる人が多くなるでしょう。裁判員法の附則3条は，「国民がより容易に裁判員として裁判に参加することができる」ために必要な環境整備に努める義務を国に負わせていること，また，参議院では，「裁判員となることについて辞退の申立をすることができる事由を政令で定める場合には，幅広い国民の良識を裁判に反映するという制度の趣旨及び国民の負担を加重なものとしないという要請に十分な配慮をすること」という付帯決議が付されていることを考えると，思想良心による辞退も認めるほうがよいように思います。今回発表された政令では，思想良心による辞退は明示的には認められていません。第6号は，「裁判員の職務を行うことによって，精神上の重大な不利益が生じると認めるに足りる相当な理由があること」をやむを得ない事由としています。死

刑制度の反対者が死刑事件の審理にかかわることが，この「精神上の重大な不利益が生じる場合」にあたるかということが問題になります。

ただし，上の政令の規定や後述する質問手続において行う質問の具体的イメージとの関係からするならば，死刑制度に反対であることは，それ自体としては辞退理由としては考えられていないように思われます。死刑制度に反対の人も，具体的な事件において死刑を適用するかどうかわからない以上，そのこと自体では裁判員の職務を辞退する理由にはならず，そのような意見を持っていることが不公平な裁判をするおそれがあると判断される場合に，職務から排除すればよいというのが，当局者の見解のようです。

2　裁判員候補者としての呼出し，選任までの手続

名簿登載の通知があった後何日かして（通常は，裁判の日から6～8週間前），あなたのところに呼出状が配達されてきました。そこには，あなたが裁判員候補者として選ばれたので，いついつに○○地方裁判所に出頭するようにということが書かれています。呼出状には，質問票が付いています。質問票には，後に行われる裁判員選定手続に関連するいくつかの質問が書かれています。裁判員候補者は，質問票に回答を記入し，事前に返送するか，あるいは裁判所に持参します。

事件の概要の説明　あなたが指定された日時に裁判所に出頭すると，裁判所は，あなたが裁判員候補者として選出された事件の概要を説明します。裁判所職員から，たとえば以下のような説明がなされます。

> 「あなた方が裁判員候補者となった事件の概要について説明します。被告人の名前は，松野飯太郎です。被告人は，平成21年6月1日，午後2時頃，京都市伏見区深草D町1丁目2番地3号の穴田伊矢代（23歳）さんの自宅で，持っていた刃渡り15センチメートルの小刀で，穴田さんの胸部を1回突き刺して，心臓に達する胸部裂傷を与え，その結果出血死させ，これによって殺害の目的を遂げたとして，殺人罪で起訴されました。また，同時に，所持を禁じられている小刀を所持したということで，銃砲刀剣類等所持取締法違反でも起訴されています。」

本書では，以下全体にわたり，この事件を題材にして具体的な説明をしていきます。実際に自分が担当する事件だと思って読み進めてみてください。

裁判員によって審理が行われる事件　ここでは，殺人事件を取り上げましたが，すべての刑事事件について裁判員がかかわるわけではありません。具体的な選任手続の説明に入る前に，ここで，裁判員が担当する事件について説明しておきましょう。

　裁判員による審理が行われる事件として法律が定めているのは，死刑または無期懲役・禁錮にあたる罪にかかる事件か，裁判所法26条2項2号に掲げられた事件（死刑または無期もしくは短期1年以上の懲役・禁錮にあたる罪にかかる事件）で，故意の犯罪行為で人を死亡させた重大な事件です。どのような罪がこれにあたるかについては，別に表をつけておきましたので，それを見てください（→資料⑥・⑦）。

　いずれにしても，殺人放火などの重大な事件に限って裁判員が参加するということです。発生する事件として最も多い窃盗や交通事故の裁判には，裁判員は参加しません。交通犯罪などは市民に身近な事件ですから，このような事件への裁判員の参加は，将来的には実現されてよいのではないでしょうか。

　もっとも，ここで例とされている事件のように，裁判員裁判の対象とされている罪（殺人罪）とあわせて起訴されている別の罪（銃砲刀剣類等所持の罪）についても，それが同じ裁判所で審理される限り，裁判員のもとでの裁判となります。

裁判員裁判から除外される事件　例外的に裁判員による裁判から除外される事件もあります。

　除外は，被告人，弁護人，検察官からの請求または職権により，裁判所が以下の要件を充たすと判断した場合に行われます。

① 　被告人の言動，被告人がその構成員である団体の主張やその団体の被告人以外の者の言動または現に裁判員候補者や裁判員に対する加害やその告知が行われたことその他の事情により，

② 　裁判員等またはその親族等の生命，身体，財産，生活の平穏が害されるおそれがあり，

③ そのため，裁判員候補者または裁判員がおそれ，裁判員候補者の出頭を確保することが困難な状況にあり，または，裁判員の職務の遂行ができずこれに代わる裁判員の選任も困難であると認められること。

裁判員の選び方　裁判所は，あなたと同じように出頭した裁判員候補者の中から，裁判員となる条件を充たしているかどうかを調査して，裁判員として適格な人を選びます。すでに提出してある調査票の記載によって，選挙権などの基本的資格を持っているかどうかとか，職業上裁判員としてふさわしくないとされている人でないかどうかは，裁判所にわかっていますので，そうした人はこの日の呼出しからは外されています。また，調査票の記載だけで一般的な辞退理由があると認められた人も，呼び出されません。

この日の選任手続では，事件関係者でないかどうか（**事件に関連する不適格事由**：裁判員法17条），さらに辞退理由がないかなどについて，裁判所の職員の説明に従って質問票に記載し，その後，一人一人呼ばれて，検察官，弁護人が立ち会う中，裁判長があなたに質問します。検察官と弁護人も，裁判長に許可を受けて質問をします。これらの質問への回答やすでに提出した質問票への回答を総合して，裁判所はあなたが裁判員として適格かどうかを判断します。

質問票での質問事項　質問票には，あなたが欠格事由や不適格事由などがあるか否か，**不公平な裁判をするおそれ**がないか（裁判員法18条）を判断するための質問がいくつか記載されていて，あなたはそれに対して，「はい・いいえ」で答えることになります。何をもって「不公平な裁判をするおそれ」にあたるかについては，① 当事者と特別の関係にある場合，② 訴訟手続外ですでに事件につき一定の判断を形成している場合，③ 法律に従った判断をすることが困難である場合などが考えられています。

質問票における質問の具体的なイメージとしては，次のようなことが想定されています。

1　あなたは，被告人または被害者と関係があったり，事件の捜査に関与するなど，この事件と特別の関係がありますか。（ある・ない）
　（ある場合には具体的にお書きください。）
2　あなたまたは家族などの身近な人が今回の事件と同じような犯罪の被害にあった

ことがありますか。（ある・ない）
　　（ある場合には，その被害の内容を差し支えない範囲でお書きください。）
3　今回の事件のことを報道などを通じて知っていますか。
　①　知らない。
　②　ある程度知っている。
　③　詳しく知っている。

　以上のような質問に対する回答を得た上で，裁判所は，さらに口頭によってあなたに質問をするでしょう。
　上の1の質問に対して，「ない」と回答した場合には，この点についてそれ以上の質問はされませんが，「ある」と答えた場合には，事件当事者と特別な関係があるなどの不適格事由の場合には，そのことを示すはっきりとした資料がある場合は別として，質問手続においてそれが事実であるかを確認して，事件関連不適格事由にあたるかについて判断されます。裁判員法に規定されている事件関連不適格事由以外の事由を特別の関係として記載していた場合（たとえば，被告人と同じ会社に勤めているなど）には，裁判官は「事件との関係を離れて，この裁判で証拠に基づいて公平に判断することができますか。」と質問し，その回答によって不公平な裁判をするおそれがあるか否かを判断するとされています。
　2の質問に対して，「ない」と回答した場合には，この点についてはそれ以上何も質問されません。「ある」と回答した場合には，被害の程度などについてさらに追加して聞かれることはなく，裁判官は「ご自身や身近な人の被害の経験を離れて，この裁判で証拠に基づいて公平に判断することに支障がありますか。」と質問し，その回答によって不公平な裁判のおそれの有無を判断するとされています。
　3の質問で，①または②と回答した場合には，この点について何も質問されません。しかし，③と回答した場合には，裁判官は「報道などに左右されることなく，法廷で見たり聞いたりした証拠だけに基づいて判断できますか。」と質問し，その回答によって不公平な裁判をするおそれの有無を判断するとされています。状況によっては，「どの程度知っているか」，「この事件についてど

のように考えているか」などといった質問を交えることも考えられるとされています。

以上の質問以外に，裁判官は全員に対して，「その他この事件について公平な判断をできない特別の事情がありますか。」と質問し，「はい」と回答した場合には特別の事情が何かを質問した上で，不公平な裁判をするおそれの有無について判断するとされています。

このほか，「事件類型に応じて追加する質問」として，次のようなことが考えられています。

不公平な裁判をするおそれ まず「警察官等の捜査官証人が予定されている事件」については，当事者の求めがある場合，裁判長は，口頭で，「あなたには，警察等の捜査は特に信用できると思うような事情，あるいは逆に，特に信用できないと思うような事情がありますか。」と質問をし，「いいえ」と回答した場合には，何も質問しません。「はい」と回答した場合には，「それはどのような事情ですか。」と質問をします。その回答によって必要がある場合には，「そのような事情があっても，警察官等の証言の内容を検討して公平に判断することができますか。」と質問をし，不公平な裁判をするおそれの有無を判断します。

また，「死刑の適用が問題となる事件」については，当事者の求めがある場合，裁判長は，口頭で，「起訴されている〇〇罪について法律は，『死刑又は無期若しくは〇年以上の懲役に処する』と定めています。今回の事件で有罪とされた場合は，この法律で定まっている刑を前提に量刑を判断できますか。」という質問をし，「はい」と回答した場合，もしくは，とくに異論を述べない場合にはこの点については何も質問しないとされています。

他方で，積極的に裁判員候補者から異論が出た場合には「今回の事件の裁判で，証拠によってどのような事実が明らかになったとしても，評議においては，絶対に死刑を選択しないと決めていますか。」という質問をし，「いいえ」と回答した場合にはこの点についてはさらに質問をしませんが，「はい」と回答した場合には，回答に応じてさらに質問を行って，不公平な裁判をするおそれの有無を判断するとされています。

すでに述べたように，辞退事由との関係で，この最後の点は，思想信条にかかわって微妙な質問です。

不選任理由　以上の質問の結果，検察官と弁護人は，裁判員候補者が不公平な裁判をするおそれがあると判断した場合には，その旨の理由を付けてその人を選任しないことを申し立てることができます（裁判員法34条4項）。

こうした**理由つきの不選任**とは別に，検察官と被告人・弁護人は，一定の人数の候補者を理由を示さずに不選任の決定を請求することができます（**理由を示さない不選任の請求**〔裁判員法36条〕：裁判官3人と裁判員6人の通常の合議体での裁判の場合には最大4人，裁判官1人と裁判員4人の合議体での裁判にするとの決定のあった場合〔裁判員法2条3項〕には3人）。

裁判員の決定　こうして，裁判員候補者の中から，事件を担当する裁判員と，必要に応じて，その裁判員が出席できなくなった場合に代わりに裁判員となる補充裁判員若干名が決定されます。

事件の審理をする具体的な裁判所（裁判体）は，事実に争いがある事件では，裁判官3人，裁判員6人の合計9人で構成されます。事実に争いがなく，社会的にもあまり注目されないような事件で，被告人など当事者の了解が得られる場合には，裁判官1人，裁判員4人の合計5人で構成されます。事実に争いがあるか否かは，後に触れる公判前整理手続の結果で決定されます。

ここでは，殺人罪で審理が開始されようとしているということになっていますから，基本的には裁判官3人，裁判員6人の合計9人で構成される裁判体が事件を扱うことになります。

2 裁判員としての心構え

1　裁判員の役割

裁判官との関係　さて、こうした選任手続を経て、あなたは裁判員になりました。裁判員となったあなたは、公判期日に出頭し、刑事裁判手続の最初から最後まで、その審理に出席して、被告人が有罪か無罪かを判断し、有罪という判断になった場合には、さらにどの程度の刑が適当かを判断することになります。これまでの刑事裁判では、有罪か無罪かの判断も、刑をどれくらいにするかの判断も、裁判官だけがしていたのですが、これでは刑事裁判に一般の人の声が届かないということで作られたのが、裁判員制度です。英米の陪審員制度では、有罪か無罪かの判断だけを一般の人から選ばれた陪審員が行い、刑の程度の判断は原則として裁判官が行うのですが、日本の裁判員制度では、裁判員は事実の認定だけではなく法令の適用や量刑にもかかわります。また、陪審員制度のもとでは、裁判官は法律的判断と量刑判断を行い、事実の認定にはかかわらず、陪審員に任せるという役割分担が明確にできていますが、日本の制度の場合には、法令の解釈と訴訟手続については、裁判官の判断とされている以外、法令の適用と量刑判断のどちらについても裁判官と裁判員の両方がかかわります。この点で、裁判官と裁判員との協力関係が非常に重要になります。

　このような協力関係がうまくいくためには、裁判員が裁判官と対等に議論をするということが必要です。自分は法律の素人だから専門家である裁判官の意見には反対できない、というような考えは持ってはいけません。法律的な専門事項については、裁判官の意見を尊重する必要があるでしょうが、それ以外のところでは、裁判官に遠慮することはありません。とくに事実の認定については、裁判員が主たる役割を果たし、裁判官は議論の交通整理役に回るべきだと、私は思っています。裁判官には、訴訟手続進行上の問題（たとえば、検察官

や弁護人が証人尋問中に出す異議など）について判断するという重要な役割がありますから，有罪や無罪の判断については，裁判員となったあなたのような一般の人がどれだけ自由に意見を述べることができるかが，この制度がうまくいくかどうかのキーポイントです。

裁判所からの説明　裁判員や補充裁判員に選任されると，裁判員および補充裁判員の権限，義務その他必要な事項が説明されます。「その他必要な事項」は，最高裁判所規則（「裁判員の参加する刑事裁判に関する規則〔平成19年最高裁判所規則第7号〕」）34条に定められています。それによると，「裁判長は，裁判員及び補充裁判員に対し，その権限及び義務のほか，事実の認定は証拠によること，被告事件について犯罪の証明をすべき者及び事実の認定に必要な証明の程度について説明する。」となっています。事実の認定は証拠によって行われなければならないということは，裁判の基本的原則で，「**証拠裁判主義**」と呼ばれています。この原則について説明することはもちろん，後述する無罪推定の原則や「疑わしきは被告人の利益に」の原則，検察官が有罪を立証する責任を持っているのであって，被告人は無罪を立証する責任はないこと，予断排除の原則，などの刑事裁判の基本原則，裁判の流れ，事件審理の進行予定などの説明がされることになります。

2　裁判員を保護するための措置

　裁判員はその職務の重要性から，地位などについておかしな圧力がかからないで，安心して裁判員としての職務に専念できるような措置が法律によって定められています。

休暇の保証　第一に，使用者は，そのもとで働いている人が裁判員としての職務を行うために休暇をとったことで不利益な取扱いをしてはならないとされています。裁判員や補充裁判員であるということで不利益な取扱いをしてはならないことも当然です（裁判員法100条）。労働時間中であっても，裁判員としての職務を行うために休暇を申し出ることができ，もし使用者がその申出を拒絶した場合には，使用者は6か月以下の懲役または30万円以下

の罰金に処せられます（労働基準法7条・119条1号）。

裁判員や補充裁判員になったことで，使用者が解雇等の不利益な取扱いをしても，それは無効です。

裁判員として職務を行っている間の給料の保証については，法律では定められていません。したがって，特別に有給とするかどうかは使用者の判断に任せられていますが，通常の有給休暇をとることを妨げることはできません。なお，裁判員・補充裁判員に対しては，旅費，日当，宿泊費が支給されます。その額は，最高裁判所規則によって定められるところによります。

個人情報の保護　第二に，裁判員・補充裁判員等の個人情報は保護されます。具体的には，裁判員・補充裁判員，裁判員候補者，その予定者になった場合，その人を特定するに足りる情報を公にすることは禁じられています。過去に裁判員等となったことのある人の情報も，本人が同意しない限りは公開できません（裁判員法101条）。検察官，弁護人，被告人またはかつてそうであった人が，正当な理由なく，裁判員候補者の氏名，裁判員候補者が質問票に書いた内容や裁判員選任手続で裁判員候補者が述べた内容をもらした場合には，1年以下の懲役または50万円以下の罰金に処せられます（同109条）。

第三に，事件を担当する裁判員・補充裁判員に，その事件に関して接触すること，および裁判員・補充裁判員が職務上知り得た秘密を知る目的で接触することは，何人に対しても禁じられています（同102条）。単なる接触にとどまる場合には，罰則はありませんが，その程度を越えて，裁判員等やその親族に対しての威迫行為をしたということになると，2年以下の懲役または20万円以下の罰金に処せられます（同107条）。

3　裁判員がしてはいけないこと

裁判の公正を保つ趣旨で，裁判員・補充裁判員がしてはいけないこともいくつかあります。

第一に，裁判員・補充裁判員が，評議の秘密その他職務上知り得た秘密を漏

らした場合には，6か月以下の懲役または50万円以下の罰金に処せられます（裁判員法108条1項）。裁判員・補充裁判員の職にあった人も，評議の際の裁判官や裁判員の意見またはその意見の数の多少をもらしたり，財産上の利益その他の利益を得る目的で，それ以外の評議の秘密を漏らしたときは，同様に処罰され（同条2項），利益を得る目的がなく評議の秘密を漏らした場合には，50万円以下の罰金で処罰されます（同条3項）。

　裁判員等や裁判員等であった人が，事実の認定や刑についての意見をその事件担当の裁判官や裁判員等以外の人に対して述べたときも，同様に処罰されます（同条5項・6項）。

　裁判員が職務上知ったことについて一定の秘密保持の義務が課されるのは，やむを得ないでしょう。しかし，罰則，とくに懲役刑まで設けてあることには，疑問があります。罰則を設けるとしても，せいぜい罰金か，できれば過料にとどめるべきであったと思います。

　第二に，裁判員候補者が，裁判員の選任手続で質問票に虚偽の記載をしてそれを裁判所に提出したり，選任手続でされた質問に対して虚偽の陳述をしたときは，50万円以下の罰金で処罰されます（裁判員法110条）。

　第三に，裁判員候補者，裁判員，補充裁判員が出頭すべきときに，正当な理由がなく出頭しない場合には，10万円以下の過料に処せられます（同112条）。

③ 裁判員制度の問題点

裁判員制度の問題点として指摘されていることがいくつかあります。

1 裁判員制度は憲法違反？

市民による裁判 　まず，裁判員制度は憲法違反だという意見があります。憲法は裁判官による裁判を保障しているから，法律家でない素人が裁判をする裁判員制度は憲法違反だというのです。こうした意見は，戦前の陪審制度採用時にもあった意見です。裁判官の中に多くあった意見です。しかし，これは間違いです。憲法は裁判所において裁判を受ける権利を保障していますが，それは職業裁判官による裁判を保障しているわけではありません。現在の裁判所は職業裁判官だけによって構成されていますが，これは憲法がとくに要求していることではありません。裁判所が陪審員や裁判員のような職業裁判官以外の人も含む形で構成されたとしても，憲法上は格別問題はありません。したがって，陪審裁判も憲法に違反するものではないのです。もちろん，裁判員裁判も憲法違反ではありません。

裁判を受ける権利の意味 　また，裁判員裁判の対象事件については，被告人が裁判員裁判しか選べないことが，裁判を受ける権利を侵害しているという意見もあります。しかし，憲法論としては，どのような裁判所の裁判を受けるかについての選択の余地を認めなければいけないということはないでしょう。私も，裁判員による裁判を受けることを権利化するとすれば，被告人に選択の余地を認めたほうがよいのではないかと思いますが，そのようにしないからといって，直ちに憲法違反というのは少々乱暴だと思います。

2 裁判員裁判は冤罪を生む？

次には，裁判員制度は冤罪を生むという意見です。これは私にはあまり理由

がわかりません。法律家でない人が裁判に加わるから冤罪が多くなるというならば、市民蔑視の思想から生まれる意見としかいいようがありません。素人は事実認定を誤るという根拠はありません。もちろん、裁判員制度は実施されていないので、裁判員制度についての実証的研究はありませんが、陪審裁判についての研究はいくつかあり、陪審員と職業裁判官との判断においてほとんど変わりがないという結果が出ています。裁判員制度の採用が決定された後、日本でも模擬裁判員裁判が各地で実施されていますが、とくに裁判員のほうが裁判官よりも事実認定について誤る可能性が高いという証拠は出ていません。むしろ、多様な見方が評議では出ているようです。そうした多角的方向での見方が事実認定には必要です。もともと日本の裁判官についての批判の多くは社会性のない判断にあったのですから、裁判員制度ではこの欠点が補われる可能性があり、現に多様な見方が出されているということによって、そのことが実証されているといってよいでしょう。

3　量刑が厳しくなる？

量刑判断の基準
――量刑相場――

裁判員裁判では刑罰が厳しくなるのではないという心配が出されています。これは現在の社会的風潮では心配されるところです。模擬裁判員裁判でも、少々厳しい刑を適用する意見が裁判員のほうに多いようです。刑の判断に裁判員を加えることについては、私なども懸念を覚えているひとりです。ただし、これは現在の状況での問題で、社会的な風潮というのは時間とともに変化するものです。その時代時代で厳しいときもゆるやかなときもあるでしょう。それがよいとは思いませんが、不当な揺らぎでない限りは認めざるを得ないでしょう。実施状況を見る限り性犯罪については量刑が少し厳しめですが、すべての事件で裁判員の判断が厳しくなっているわけではありません。軽くなっているものもあります。問題は、量刑判断をどのような基準に従って行うかということにかかっています。これまでの裁判官裁判についても、決まった量刑基準がないことで、裁判所によってかなりの量刑の幅が生じていました。いわゆる「**量刑相場**」などというものがあるかの

ようにいわれるのですが，そのようなものはとくにありません。最近，裁判所はこれまでの裁判ではどのような刑が科されているかということについてのデータを，量刑資料として作成しているようですが，これはとくに基準的なものではありません。

この点はいささか心配ですが，実施後の状況を見る以外にないでしょう。量刑判断において，どのような事実を考慮に入れるべきかなどの具体的問題については，後述の裁判員関与手続を具体的事例に沿って検討する中で，考えてみましょう。

4 報道の自由がなくなる？

報道のあり方　事件報道との関係では，裁判員に予断を与えるおそれがあるとの理由で，報道規制が厳しくなる危険性があるという見方もあります。この点は，現在の事件報道のあり方にもかかわる問題ではあります。現時点での事件報道には，逮捕されたというだけですでに有罪が確定したような報道がされています。テレビや週刊誌では，逮捕される以前でさえ，ひどい報道がされている例があります。こうした現状を報道陣が改めなければ，報道の被害を何とかしなければならないという意見が出てきます。だから報道規制をしてよいとは思いませんが，報道の現状を報道機関自身が改める必要があります。それぞれの報道機関が自ら守るべき自主的なガイドラインを，報道の受け手にも示して共通の理解を求める努力をすべきです。ただし，これはあくまでも自主規制の問題であって，法的規制を行うようになると，報道の自由と抵触し，好ましくない事態が生じるので，法的に規制することは避けられなければならないでしょう。

報道による被害と報道の自由　英米では，陪審裁判への報道の影響を避けるために，審理前や審理中の報道が過度に扇情的であると裁判所が認める場合には，「差止め命令（gag order）」を出したり，場合によっては，「法廷侮辱（contempt of court）」として処罰するということがあります。日本にも，「法廷等秩序維持法」があり，「秩序を維持するため裁判所が命じた事項を

行わず若しくは執った措置に従わず，又は暴言，暴行，けん騒その他不穏当な言動で裁判所の職務の執行を妨害し若しくは裁判の威信を著しく害した者」に対しては，「20日以下の監置若しくは3万円以下の過料」という制裁を課すということになっています。ただし，英米の場合には，裁判外での行動に対しても，裁判官は規制することができますが，日本の場合には，原則として「裁判所または裁判官の面前」で行われる行為に対してのみ，規制が及ぶという形をとっています。私は，裁判所による規制措置はこの範囲にとどまるべきで，それ以上に，英米のように裁判外の行動についてまで規制するということには反対です。裁判員制度下での報道のあり方について，英米のような法廷侮辱罪を設けて規制しようという動きには警戒を要します。

II 裁判員制度下での刑事手続

❶ 刑事手続の基本原則

刑事手続の基本原則には，以下のようなものがあります。

1　有罪を宣告されるまではすべての被告人を無罪として扱う

無罪推定の原則　「裁判で有罪が確定するまでは，人は無罪として扱われなければならない」。これが**無罪推定の原則**です。殺人を犯したという嫌疑を受け逮捕された人がいるとしましょう。新聞やテレビはそれだけでその人を犯人のように報道します。しかし，嫌疑があるというだけでは，その人が犯人であるという根拠にはなりません。被害者がその人を犯人として名指しして告訴し，検察官がその人を犯人として起訴したとしても，まだ，それは被害者や検察官の主張にしか過ぎません。あくまでも証拠によって有罪であることが証明され，しかも，その有罪判決が確定するまでは，嫌疑を受けた人は罪を犯していないものとして扱われなければならないのです。

検察官の主張する事実が証明されたことに疑いが残る場合には，証明されないものとして無罪を言い渡さなければなりません。「**疑わしきは被告人の利益に**」というこの原則は，刑事裁判の鉄則です。

予断排除の原則　裁判にあたっては，一切の予断や偏見を持たないで（**予断排除の原則**），検察官が起訴状で主張する事実が証拠によって証明されているかを虚心に見極める，これが，裁判をする者の基本的姿勢です。

2　適正な手続を保障する

違法な手続の禁止　犯罪が起きたと警察が判断すると，捜査が開始されます。この捜査の過程では，犯人がだれかが探索され，証拠が収集されます。こうした捜査の過程や，その後の裁判手続ではどのような

ことをしてもいいというわけではありません。あくまでも，適正な手続で証拠が収集され，裁判が進行しなければなりません。違法な手段を使って証拠を収集することは，この「**適正手続の保障**」原則に違反し，そのように違法に収集された証拠は裁判の証拠からは排除されます（**違法収集証拠排除の原則**）。

捜査や公判が適正であるためには，違法な手段を使ってはいけないということはもちろんですが，制度として適正手続を保障することが必要です。そのためにあるのが，弁護人制度です。憲法は，34条で「何人も，理由を直ちに告げられ，且つ，直ちに弁護人に依頼する権利を与へられなければ，抑留又は拘禁されない」として，**弁護人依頼権**を保障しています。身体を拘束された場合について規定していますが，身体を拘束された状態では，人は自分に有利な証拠を集めることもできず，十分な防御ができないので，どうしても自分を法律的に助けてくれる人を必要とするからです。そこで，そうした場合について，弁護人は不可欠であるとして，憲法は弁護人を依頼する権利を保障したのです。

国選弁護制度　さらに，憲法37条は，どのような段階でも「資格を有する弁護人」の弁護を受ける権利を保障しています。しかし，弁護人を依頼する権利があるといっても，資力のある人は自分で弁護人を頼むことができますが，貧乏な人はどうしたらよいのでしょう。憲法は，この点についても，「被告人が自らこれを依頼することができないときは，国でこれを附する」として，「**国選弁護人**」を保障しています。

この「国選弁護人」は，これまでは起訴された後でしか保障されていなかったのですが，最近の法改正で，起訴される前，すなわち，被疑者段階でも国選弁護が保障されるようになりました。

3　公平な裁判を保障する

公平な裁判　裁判が公平に行われなければならないことは，当然のことです。公平な裁判の保障は，裁判所の構成の公平さと裁判内容の公平さとの両方の面が保障されることを意味します。裁判所の構成においての公平さは，除斥，忌避，回避という手段で保障されています。裁判官が，被害

者や被告人その親族等の当事者の関係者であるとか，事件について証人や弁護人，検察官などとして前に扱ったことがあるといった場合には，裁判という職務の執行から**除斥**されます。

　また，裁判官に除斥されるべき事由があるとか，不公平な裁判をするおそれがあると考えたときには，検察官または被告人・弁護人はその裁判官が事件の裁判に関与することを**忌避**することができます。また，裁判官は忌避されるべき原因があると思うときは，自ら事件の裁判に関与することを**回避**しなければならないことになっています。

　裁判員についても同様のことがいえます。被告人や被害者の関係者は裁判員にはなれませんし，また不公平な裁判をするおそれがある場合には，裁判の関与を拒否され，また，自ら辞退しなければなりません。

不公平な起訴　　性別や貧富の差などによって不公平な起訴が行われたときには，検察官の起訴権限の濫用（**公訴権の濫用**）ということで実質的な審理に入ることなく起訴が棄却されます（**公訴棄却**）。起訴状には予断偏見を生じさせるような記載を禁じるなど，裁判の公平さを保障する措置が用意されているほか，地方裁判所で不公平な裁判が行われた場合は，高等裁判所へ不服（控訴）を申し立てることができます。

4　迅速な裁判を保障する

　裁判が長引けば，被告人にはたいへんな負担がかかり，有罪にならなくても，それだけで人生が狂ってしまいます。そこで，憲法37条は，公平な裁判と同時に迅速な裁判を受けることを被告人に保障しています。**迅速な裁判の保障**に違反した場合には，先述の公訴権濫用として公訴棄却になります。

　ただし，「迅速」は「拙速」とは違います。はやく処理するために適正公平な審理でなくなるということは，絶対に避けなければなりません。証拠調べ手続を省略したり，被告人らの言い分を十分に聞かないで，いたずらに手続を速めるなどという適正な手続保障に反するようなやり方は，迅速な裁判を保障していることにはなりません。また，たとえば，証人の証言中に裁判員が疑問と

> **Topic ②** 迅速な裁判の保障に違反することが，憲法違反として公訴権濫用にあたるとした判例
>
> 派出所に対し石塊等を投げつけて設備等を損壊した等として起訴された事件，いわゆる高田事件での上告審判決。第一審では，被告人らにとくに責められるような事由もなく，ほかにやむを得ない合理的な理由もないのに，15年あまりもの間まったく公判審理が進行されないまま放置された。この事件の上告審の判断において，最高裁判所は，この事件の審理が憲法37条1項の迅速な裁判の保障条項に明らかに違反した異常な事態に立ち至っていたのであり，本件訴訟をこれ以上進行させることは許されないとして，原判決を破棄し公訴を棄却した。どのような場合に，迅速な裁判の保障に違反するかについて，最高裁判所は，審理が遅くなった期間だけで一律に判断するのではなく，遅くなった原因と理由などを勘案して，遅くなったことがやむを得ないものと認められないかどうか，遅くなったことによって憲法37条1項がまもろうとしている諸利益がどの程度実際に害されているかなど，諸般の情況を総合的に判断して決定されなければならないとしている。(高田事件・最高裁1972（昭和47）年12月20日大法廷判決)

思うことを質問する余裕もなく，審理を先に進めるとか，じっくりと話し合うことなく評議を進めるなどという形で，進行を急ぐなどということも，「拙速」ではあっても「迅速な裁判」の保障という憲法上の要請に適合するやり方ではありません。裁判員の方々も，迅速性が損なわれるということはありませんので，疑問や質問があれば，躊躇することなく積極的に発言して一向に構いません。

❷ 裁判員が関与する前の手続

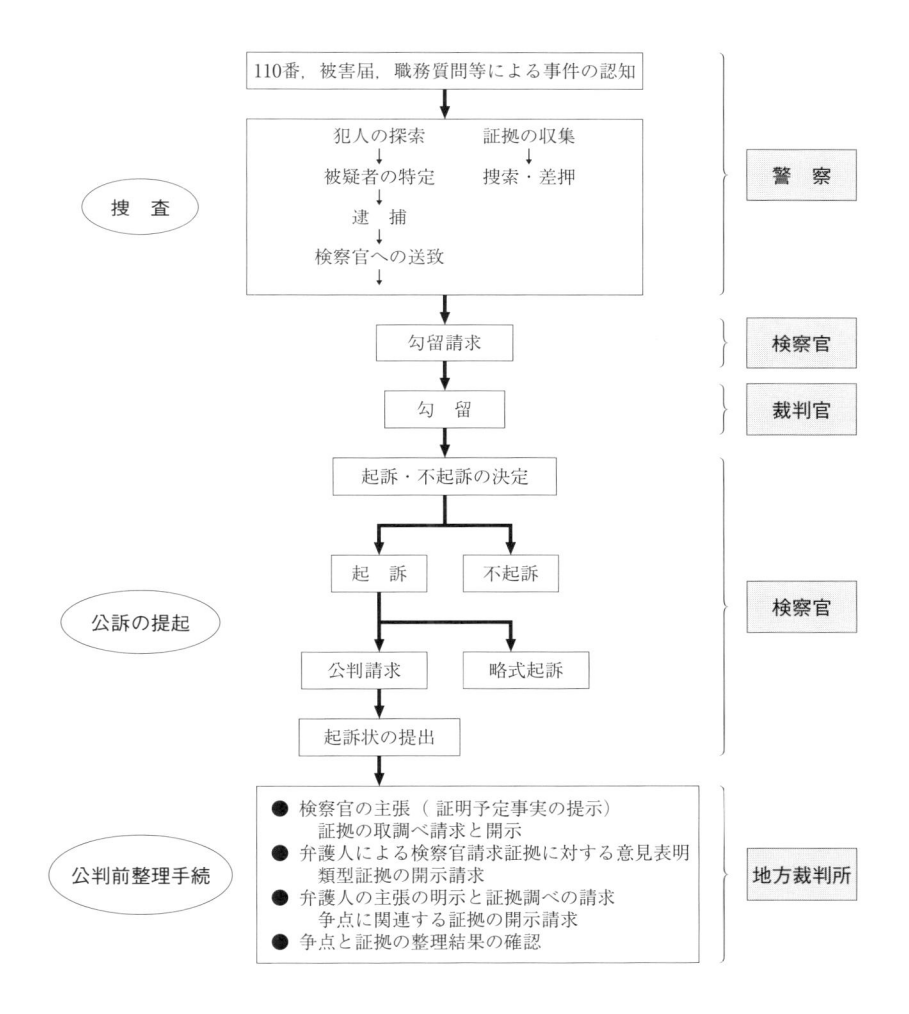

```
                    ┌─────────────────────────────────┐
                    │110番，被害届，職務質問等による事件の認知│
                    └─────────────────────────────────┘
                                     ↓
          ┌─────────────────────────────────────────┐
          │    犯人の探索         証拠の収集          │
          │       ↓                 ↓               │
  ╭──╮    │    被疑者の特定       捜索・差押          │       ┌──────┐
  │捜査│   │       ↓                                │       │ 警察 │
  ╰──╯    │      逮 捕                              │       └──────┘
          │       ↓                                │
          │   検察官への送致                         │
          │       ↓                                │
          └─────────────────────────────────────────┘
                           ↓
                   ┌──────────────┐                          ┌──────┐
                   │   勾留請求    │                          │ 検察官│
                   └──────────────┘                          └──────┘
                           ↓
                   ┌──────────────┐                          ┌──────┐
                   │   勾  留     │                          │ 裁判官│
                   └──────────────┘                          └──────┘
                           ↓
                   ┌──────────────┐
                   │起訴・不起訴の決定│
                   └──────────────┘
                    ┌──────┴──────┐
              ┌────────┐      ┌────────┐
              │ 起 訴  │      │ 不起訴 │
  ╭──────╮    └────────┘      └────────┘                    ┌──────┐
  │公訴の提起│      ↓                                          │ 検察官│
  ╰──────╯    ┌────────┐      ┌────────┐                    └──────┘
              │ 公判請求│      │ 略式起訴│
              └────────┘      └────────┘
                   ↓
              ┌────────┐
              │起訴状の提出│
              └────────┘
                   ↓
          ┌─────────────────────────────────────────┐
          │● 検察官の主張（証明予定事実の提示）        │
          │   証拠の取調べ請求と開示                  │
  ╭────────╮ │● 弁護人による検察官請求証拠に対する意見表明 │    ┌──────┐
  │公判前整理手続│ │   類型証拠の開示請求                     │    │地方裁判所│
  ╰────────╯ │● 弁護人の主張の明示と証拠調べの請求        │    └──────┘
          │   争点に関連する証拠の開示請求            │
          │● 争点と証拠の整理結果の確認              │
          └─────────────────────────────────────────┘
```

　刑事手続は，捜査，起訴，公判，判決，上訴という順で流れていきます。後に見るように，裁判員は，事件が起訴されて以降，地方裁判所で開かれる公判に立ち会い，その結果を裁判という形で示すまで関与するので，捜査と上訴は

裁判員裁判とはかかわりなく進みます。しかし，裁判員がかかわる事件については，実際問題としては，捜査も上訴も変化するものと考えられます。

裁判員が関与する手続を中心として説明しますが，その説明に入る前に，裁判員が関与する前の手続について，簡単に触れておきましょう。

以下では，Ⅰ-1-2の「事件の概要の説明」でも例としてあげた殺人事件を題材に，具体的に説明していきます。

1 事件の発生と捜査の開始

あなたが裁判員としてかかわる殺人事件は，2009（平成21）年6月1日午後2時頃に発生したとされています。この時間は，起訴状（後出→**資料⑤**）にそう書いてあるというもので，さしあたりは検察官の主張にしか過ぎません。後に，この主張を裏づける証拠を検察官は提出してくるでしょう。

● **事件発覚の経緯**

本件殺人事件は，2009（平成21）年6月1日の夕方6時頃，被害者の母親から京都府警に110番通報があったことによって，警察の知るところになった。通報を受けた警察では，警察官数名を現場に派遣し，通報者から事情を聴取した。警察官が現場で通報者から聴取した内容は，次のようである。

通報者は，ひとりで住んでいる娘の様子を気にかけて時々娘の家に行っていた。当日も娘の家を訪れたところ，玄関ドアに鍵がかかっていないので，娘が帰っていると思い，「返事もせんと，何してるのん」などといいながら，玄関からすぐのダイニングに行くと，被害者が血まみれの状態で倒れており，その胸には小刀が突き刺さっていた。通報者はびっくりして，急いで110番した。

事件の発生 事件が発生すると，殺人などの重大な事件の場合には，事件発生に気づいた人は，通常，**110番通報**するでしょう。その他，

盗難にあったような場合には，被害者が警察署に出向いて**被害届**を書いて被害を申告するということもあります。警察官が，街頭を巡回中に不審な行動をする人を見かけて**職務質問**し，事件の発生を知るということもあります。もちろん，事件を起こした本人が，申し出てくることもあります。いわゆる「**自首**」です。警察官などが，まだ事件や事件の犯人についてまったく知らないときに，「自分がやりました」と申し出て，警察署などに出頭するのが「自首」で，この場合には，後の裁判で刑を軽くする要素になります。

捜査の端緒　捜査が開始されるのは，警察などの捜査機関において，犯罪が発生したと認めた後です。したがって，110番通報を受けたとか，被害届を受けたとか，あるいは職務質問をしたというような段階は，まだ捜査に入ったとはいわれず，「**捜査の端緒**」を得たということになります。

　ここで「捜査機関」という言葉を使いました。通常，まず第一の捜査機関は，**警察**です。多くの事件は，まず警察が捜査を開始します。政治家がらみの贈収賄事件など，特別な事件については，検察官がイニシアティブをとって捜査を開始することがありますが，これは例外です。原則として，第一次的な捜査機関は警察で，**検察官**は第二次的な捜査機関とされています。

● 捜査の開始

　　現場で事情を聴取した警察官から知らせを受けた府警本部では，現場の保存を命じるともに，鑑識担当官を派遣し，被害者の状態を確認した。被害者は，胸部の一突きによる失血多量で死亡したと考えられ，死後経過時間は4時間前後と推定されるというところから，死亡推定時刻は6月1日の午後2時前後というのが，鑑識結果であった。この鑑識結果によって，殺人事件と断定され，府警本部に殺人事件捜査本部が設置された。

　捜査というのは，犯罪事実についての証拠を集め，犯人を探索し，特定する活動です。

2　証拠の収集から犯人逮捕へ

鑑定・検証　まず，事件の通報があっても，それが果たして犯罪によって引き起こされた事件であるかどうかがわかりません。設例の事件では，小刀が胸に刺さった状態で被害者が死亡していたということですから，通常は，犯罪によるものと考えてよいでしょう。しかし，この場合でも，死因は何かを調べる必要があります。死因等確認のための捜査活動は，ここではまず，「鑑識」という行為が行われています。これは，警察用語として使われていますが，法律上，正式には，「**鑑定**」とか「**検証**」という形で行われます。初期捜査で行われる鑑識活動は，犯罪現場の保存の後に行われる「**実況見分**」という活動の一環で行われます。「実況見分」は文字どおり，現場の外形的な状況を見分するもので，その結果は，**実況見分調書**という形で書面にされます。この書面は，後の裁判では，捜査側の証拠書類として提出されます。「実況見分」はとくに令状をとらないで行われる「**任意捜査**」のひとつですが，裁判実務上は，令状に基づいて行われる「**強制捜査**」のひとつである「**検証**」と同じ効果を持つものとされています。

　死因の判定には，正式には「**検視**」（「検死」は俗称）が行われ，その場合には，死体解剖もできます。この場合には，**検証令状**という裁判官の発付する令状を必要とします。

● 犯人の探索から特定

　被害者関係者，近隣住民からの聞き込みなどの結果，被害者宅に松野飯太郎が同居していたこと，当日は被害者が朝早くに外出し，昼過ぎに戻ってきて，午後2時過ぎ，松野が被害者宅からそそくさと外出するのが目撃されていること，被害者が戻ってきてしばらくして，言い争う声がして，悲鳴のような声が聞こえた後，静かになったことを隣家の人が耳にしていること，その後，松野の行方が知れないことなどの事情が判明した。室内には荒らされた様子はなく，外部の人間の犯行とは考えられないことから，捜査本部は，本件殺人事件の有力容疑者として松野を特定した。

任意捜査　「聞き込み」とか「張り込み」という活動については，一般に知られていますが，こうした活動は，強制的な捜査活動ではなく，**任意捜査**です。したがって，これらの活動の中で捜査官から質問を受けた人は，質問に答えることを拒否することができます。被疑者についても，次に述べる逮捕という強制的な方法がとられないで，任意に事情が聞かれるということがあります。そうした場合には，被疑者も捜査官の質問に回答する義務はありませんし，警察署で事情聴取するといわれても，協力する義務はありません。任意で行くこと（任意同行）が求められるだけです。

● 松野に対する逮捕状請求と発付

6月2日．逮捕状請求・同日発付

逮 捕 状　**逮捕**は，一時的に身体を拘束する行為です。身体の自由を制限する行為ですから，逮捕は一定の権限のある者が一定の要件でのみできる行為となっています。権限や要件がないのに逮捕した場合には，逮捕罪という刑法上の罪さえ成立します。**憲法33条**は，次のように規定しています。

「何人も，現行犯として逮捕される場合を除いては，権限を有する司法官憲が発し，且つ理由となってゐる犯罪を明示する令状によらなければ，逮捕されない。」

逮捕するには，原則として**逮捕令状**が必要です。憲法は，**現行犯逮捕**を例外としていますが，これは，現に犯罪が行われていることが明らかな場合ですから，だれが見ても罪を犯したことを理由とする逮捕だということがわかるということで，令状なしでもよいとしています。

令状主義　現行犯逮捕でない通常の場合（**通常逮捕**）には，裁判官の発付する令状が逮捕するための必要不可欠の条件です（**令状主義**）。憲法33条が逮捕状の発付権限者としている「**司法官憲**」とは，裁判官のことです。

逮捕状には，逮捕の理由となっている犯罪を明確に記載することが要求されています。どんな犯罪によって逮捕されるのかがわからなければ，逮捕が適正

❷　裁判員が関与する前の手続　39

資料②　逮捕状請求書

逮 捕 状 請 求 書（甲）

平成21年 6月 2日

京都地方　裁　判　所
　　　　裁　判　官　殿

京都府警伏見　警察署
刑事訴訟法第（199）条第（2）項による指定を受けた司法警察員
警部　鈴木　太郎　㊞

下記被疑者に対し，　　　　　　殺　　人　　　　　被疑事件につき，逮捕状の発付を請求する。

記

1　被 疑 者
　　氏　名　　松野　飯太郎
　　年　齢　　昭和60年 11月 10日生（23歳）
　　職　業　　無　職
　　住　居　　不　定
2　（7）日を超える有効期間を必要とするときは，その期間及び事由
3　引致すべき官公署又はその他の場所　京都府警伏見警察署
4　逮捕状を数通必要するときは，その数及び事由
5　被疑者が罪を犯したことを疑うに足りる相当な理由
　　被害者は，被疑者の所有していた小刀で刺殺されていること，被害者の死亡推定時刻直後に被疑者が被害者宅から外出するところを隣人が目撃していることなど。
6　被疑者の逮捕を必要とする事由
　　被疑者は，事件後，一時同居していた被害者宅から逃走して友人宅を転々としており，住居が定まらず，職にも就いておらず，逃亡のおそれと罪証隠滅のおそれが大きい。
7　被疑者に対し，同一の犯罪事実又は現に捜査中である他の犯罪事実について，前に逮捕状の請求又はその発付があったときは，その旨及びその犯罪事実並びに同一の犯罪事実につき更に逮捕状を請求する理由
8　（　）万円（刑法，暴力行為等処罰に関する法律及び経済関係罰則の整備に関する法律の罪以外の罪については，2万円）以下の罰金，拘留又は科料に当たる罪については，刑事訴訟法第（　）条第（　）項ただし書に定める事由
9　被疑事実の要旨
　　被疑者松野飯太郎は，平成21年6月1日午後2時頃，京都市伏見区深草D町1丁目2番地3号の穴田伊矢代（23歳）の自宅で，持っていた刃渡り15センチメートルの小刀で，上記穴田の胸部を1回突き刺して，心臓に達する胸部裂傷を与え，その結果出血死させ，これによって殺害の目的を遂げたものである。

資料③　逮 捕 状

<h1>逮　捕　状（通常逮捕）</h1>

被疑者	氏　　名	松野　飯太郎
	年　　齢	逮捕状請求書記載のとおり
	住　　居	〃
	職　　業	〃

罪　　　　　名	殺人罪
被 疑 事 実 の 要 旨	逮捕状請求書記載のとおり
引 致 す べ き 場 所	京都府警伏見警察署
有　効　期　間	平成 21 年 6 月 9 日まで

有効期間経過後は，この令状により逮捕に着手することができない。この場合には，これを当裁判所に返還しなければならない。

有効期間内であっても，逮捕の必要がなくなったときは，直ちにこれを当裁判所に返還しなければならない。

　上記の被疑事実により，被疑者を逮捕することを許可する。
　　平 成 21 年 6 月 2 日
　　　　京都地方　裁 判 所
　　　　　　　　　　裁 判 官　　　佐々　進　㊞

請求者の官公職氏名	京都府警伏見警察署　司法警察員警部　　　鈴木　太郎　㊞
逮捕者の官公職氏名	京都府警伏見警察署　司法警察員警部補　　田中　次郎　㊞
逮 捕 の 年 月 日 時 及 び 場 所	平 成 21 年 6 月 3 日　　午 前4 時 30 分 京都市上京区新北小路町3　立前学宅　で逮捕
引 致 の 年 月 日 時 及 び 場 所	平 成 21 年 6 月 3 日　　午 前4 時 45 分 伏見警察署
記　名　押　印	伏見警察署　司法警察員警部補　　　　　　佐藤　三郎　㊞
送致する手続をした 年　月　日　時	平 成 21 年 6 月 4 日　　午 前10 時 00 分
記　名　押　印	伏見警察署　司法警察員警部　　　　　　　川上　四郎　㊞
送致を受けた年月日時	平 成 21 年 6 月 4 日　　午 前10 時 15 分
記　名　押　印	京都地方検察庁　検察事務官　　　　　　　山田　五郎　㊞

なのかも，今後どのように対処すればよいかもわかりません。そこで，憲法は最低限の要件としてこのことを規定しているのです。

　逮捕には，犯罪を犯した疑いがあるという身体拘束の理由だけではなく，身体を拘束する必要があるという必要性要件がなければなりません。このことは憲法には規定されていませんが，刑事訴訟法には，明らかに逮捕の必要がないと認められる場合には，裁判官は逮捕状を発することができないと規定されています（刑事訴訟法199条2項，以下「刑訴法」という）。逮捕状の請求書にも，逮捕の理由となっている罪名と被疑事実の要旨のほか，逮捕を必要とする理由を書くことになっています（刑事訴訟規則142条1項3号）。そのほか，だれに対する逮捕状かを明らかにするのは当然ですので，被疑者の氏名，年齢，職業等の逮捕状のあて先を特定する事項なども記載することが要求されています。

3　逮捕から起訴：被疑者から被告人へ

● 松野の逮捕

　6月3日未明，京都市内の友人のところにいた松野を逮捕。伏見警察署へ連行。弁解録取後，伏見警察署留置施設に留置。

逮　捕　逮捕など司法にかかわる警察活動のことを「司法警察活動」といいます。司法警察活動を行う警察官一般は，「**司法警察職員**」と呼ばれ，巡査，巡査長，巡査部長，警部補，警部，警視，警視正，警視監，警視総監等の階級があります。このうち，巡査部長以上の者を「司法警察員」と呼び，逮捕状の請求は，「**警部以上の司法警察員**」にしかできないことになっています（刑訴法199条2項）。ただし，逮捕状の執行である通常逮捕それ自体は，巡査以上の一般の司法警察職員ができます。なお，現行犯逮捕は，警察官ではない一般の人もすることができます。

弁解録取書　逮捕された人は，逮捕状に「引致されるべき場所」と記載されている場所に連れてこられます。通常，ここには，警察署の名前が記載されています。被疑者は，警察署へ連れてこられた後，上に述べた警

> **Topic ③**　別件逮捕・勾留
>
> 　別件逮捕・勾留とは，逮捕・勾留するだけの材料が集まっていない重い犯罪（＝本件，たとえば，殺人）について取り調べる目的で，逮捕・勾留の要件の備わっている軽い罪（＝別件，たとえば，住居侵入）で逮捕または勾留すること。重い罪について逮捕・勾留要件を備えていないのに，もっぱらその重い罪について捜査する目的で身体を拘束することは，逮捕・勾留についての法の要求を無視することであって，違法である。冤罪が問題となる事件では，別件逮捕・勾留が主張されることが多い（たとえば，狭山事件など）。しかし，被告人や弁護人の主張が入れられて逮捕・勾留の違法性が認められたケースはそれほど多くない。これは，裁判所が別件逮捕・勾留を認め，逮捕・勾留を違法と判断するのは，捜査機関に本件捜査のために別件による逮捕・勾留を利用する明確な意図がある場合に限られているためである。
>
> 　数少ない例として，神戸祭り事件控訴審判決・大阪高裁1984（昭和59）年4月19日判決，鹿児島の夫婦殺し事件差戻後控訴審判決・福岡高裁1986（昭和61）年4月28日判決などがある。

部以上の司法警察員から逮捕される理由となった犯罪事実の要旨と弁護人を選任できることを告げられ，告げられた犯罪事実についての弁解を聞かれます。その結果は，**弁解録取書**という書面になっています。司法警察員は，被疑者の弁解を聞いた後に，留置の必要がないと判断する場合には，直ちに釈放の手続をとらなければなりません。留置の必要があると判断する場合には，被疑者が身体を拘束された時から48時間以内に書類と証拠物とともに，被疑者を検察官に送る手続（送致）をとらなければならないことになっています。

留　　置　　留置の必要があると判断された場合の留置場所としては，「留置施設」という警察付属の施設が指定されることがほとんどです。この点については，学説上は，本来的な留置場所は，法務省管轄の拘置所にすべきであるとの見解もあります。

　なお，本事件の場合，仮に殺人罪で逮捕・勾留するだけの十分な証拠がないため，小刀を所持していたということで，銃砲刀剣類所持等取締法違反で逮捕状や勾留状が請求されたとしましょう。警察としては，銃砲刀剣類等の所持罪による逮捕を利用して，殺人罪について松野を調べようという意図を持ってい

たとすれば，これは「別件逮捕・勾留」ということで，公判では違法な逮捕・勾留であるかが争われることになるでしょう。

● 当番弁護士の接見

同日（6月3日）午後6時，当番弁護士が接見にやってくる。

<u>当番弁護士制度</u>　上に述べたように，弁解録取の前には，被疑者には，弁護人の選任ができることを告げなければならないことになっています。それと同時に，逮捕に引き続いて勾留を請求された場合には，貧困その他の事情によって自分で弁護人を頼むことができない場合には，裁判官に対して弁護人の選任を請求できることも，司法警察員は告げなければなりません。いわゆる「**被疑者国選**」の制度です。ただし，この制度は，勾留の決定があった場合のことであって，逮捕期間中には適用がありません。そこで，逮捕された場合に，直ちに弁護士会に連絡すれば，各弁護士会に当番制で待機している「**当番弁護士**」が被疑者に会いにくるという制度を弁護士会の自発的な取組みで行っています。身体を拘束された人が弁護士等と会うことを「**接見**」といいますが，「当番弁護士」制度では，1回目の接見は無料でできることになっています。

● 松野の勾留

6月4日，検察官勾留請求，同日，勾留質問，勾留決定。

<u>勾留請求</u>　証拠とともに被疑者を送られた検察官は，被疑者を受け取ってから24時間以内に「**勾留**」という逮捕に引き続く拘束が必要かどうかを判断し，その必要がないか，その手続をすることができない場合には，被疑者を釈放しなければなりません。「勾留」の必要があると判断した場合には，被疑者が身体拘束を受けてから72時間以内に勾留の請求をしなければなりません。

勾留請求を受けた裁判所（地方裁判所または簡易裁判所，最寄の裁判所でよい）の裁判官は，勾留の可否を決定するために，被疑者に対して，勾留請求をされている犯罪事実（被疑事実）の内容を告げた上で，被疑者からこの事実に関す

資料④　勾留状

勾　留　状

指揮印	
延　長	
延　長	

被疑者	氏　　名	松野　飯太郎
	年　　齢	昭和 60 年 11 月 10 日生（23 歳）
	住　　居	不　定
	職　　業	無　職

被疑者に対する	殺人等	被疑事件
について，同人を	京都府警伏見警察署留置施設	に勾留する。

被疑事実の要旨	別紙のとおり（逮捕状の被疑事実の要旨と同一につき省略）
刑事訴訟法60条1項各号に定める事由	刑事訴訟法60条1，2，3号
有　効　期　間	平成 21 年 6 月 11 日まで

この令状は，有効期間経過後は，その執行に着手することができない。この場合には，これを当裁判所に返還しなければならない。

平成 21 年 6 月 4 日
京都地方　裁判所
　　　　　　　　裁 判 官　　　　四方　公平　㊞

勾留請求の年月日	平成 21 年 6 月 4 日
執行した年月日時及び場所	平成 21 年 6 月 4 日　午後 6 時 15 分 京都地方検察庁
記　名　押　印	京都府警伏見警察署 司法警察員　　　　巡査部長　丸　一　㊞
執行することができなかったときはその事由	
記　名　押　印	平成　　年　　月　　日
勾留した年月日時及び取扱者	平成 21 年 6 月 4 日　午後 6 時 30 分 伏見　警察署 　　司法警察職員　司法巡査　角野　大　㊞

る陳述を聞きます。これを「**勾留質問**」といいます。勾留請求書に書かれた勾留の理由と必要性と，勾留質問の結果を総合して，裁判官は勾留決定を行い，勾留状（→**資料④**）を発付します。

　勾留の要件は，被疑者が罪を犯したことを疑うに足りる相当な理由があり（刑訴法60条1項），被疑者が決まった住居を持っていないか（同項1号），罪の証拠を隠すと疑うに足りる相当な理由があるか（同2号），逃亡すると疑うに足りる相当な理由があること（同3号）です。

　検察官は，勾留の請求をした日から10日以内に公訴を提起しなければいけません。その時間内に公訴を提起できない場合には，被疑者を釈放しなればなりません。

● **被疑者や第一発見者などの関係者の供述調書作成**

　黙秘権と自白の強要　被疑者は，逮捕・勾留された後，警察官や検察官から取調べを受けます。取調べにあたっては，被疑者は終始黙って質問に答えなくてもよい「**黙秘権**」があることを告げられます。「黙秘権」は憲法38条にも保障されている被疑者の重要な権利です。したがって，「黙秘権」が告げられないで取調べが行われたとすれば，その取調べは違法な手続とされ，その取調べで得られた自白は証拠として使うことができなくなる可能性があります。取調べにおいて，被疑者を脅迫したり，殴ったり，あるいは利益誘導したりして，自白を強制的に引き出すことは許されません。

　取調べの可視化　このような自白の強要をなくすために，「取調べの可視化」が主張され，最近では，警察も検察も取調べの一部を録音・録画するなどするようになってきました。もちろん，取調べの可視化というためには，取調べの全過程の録音・録画が望ましいわけで，警察や検察の取組みは十分でないという批判があります。しかし，まったくの密室状態での取調べからほんの少しは隙間が見えたという評価はできましょうか。

　取調官は，取調べの結果を「供述調書」という書面に作成して証拠化します。「供述調書」は「調書」という名称でわかるように，被疑者などの供述者の述べたとおりのことがそのまま記載されているものではありません。正確に

は，「供述録取書」といって，取調官が被疑者等から聞き取った結果を記載したものです。したがって，ここに記載されていることが被疑者らが言ったことそのものであると軽々に信じてはいけません。

● 勾留期間の延長
　６月14日，検察官，被疑者取調べ未了を理由として勾留延長請求。裁判官，同月24日までの勾留延長決定。

勾留延長　10日間の勾留期間では捜査が完了しないやむを得ない事情がある場合には，さらに10日間を超えない期間での勾留延長が認められます。本来は，この延長は本当にやむを得ない事情がある場合の例外的な事柄であるはずですが，実務上は，安易といってもよいくらいに延長が認められています。

● 公訴の提起
　６月18日，検察官は，京都地方裁判所に起訴状（→**資料⑤**）を提出した。

公訴提起　検察官は，捜査が終了した時点で，被疑者を起訴するか否かを判断しなければなりません。起訴すると判断した場合には，起訴状を作成して，これを裁判所に提出します。この手続を「公訴の提起」といいます。アメリカには，大陪審という市民によって構成される審議体が起訴・不起訴を決定するシステムがあります。日本では，検察官が不起訴という判断をした場合だけにその判断が相当か否かを審査する**検察審査会**があります。しかし，この検察審査会は，検察官の「起訴」判断が相当であるかを審査するものではなく，その意味において，起訴・不起訴を決定する機関ではありません。

　なお，同一被告人について複数の事件が起訴された場合には，通常は同一の法廷で審理されます。しかし，場合によっては，そのうちの一部を別の法廷で審理するということもあります。

資料⑤ 起 訴 状

平成21年京都地領第××号　　　　　　　　　　　　　　　　平成21年 検第××号

起 訴 状

平成21年 6 月 18日

京都地方 裁判所　殿

京都地方 検察庁
　　　　検察官　　高野　太郎 ㊞

下記被告事件につき公訴を提起する。

記

本　籍　　A県B市C町67番地
住　居　　不　定
職　業　　無　職

　　　　　　　　　　　　　　　　　　　　　　　　　　　松野　飯太郎
　　　　　　　　　　　　勾留中　　昭和60年 11月 10日生（23歳）

公 訴 事 実

被告人は，
第１，　平成21年６月１日午後２時ころ，京都府京都市伏見区深草D町１丁目２番地３号所在の穴田伊矢代（23歳）宅において，同女を殺害する目的をもって，所携の小刀（刃渡り15センチメートル）によって同女の胸部を１回突き刺し，同女に心臓に達する胸部裂傷を与え，よって同時刻頃その場において失血死するに至らしめ，殺害の目的を遂げた
第２，　法定の除外理由がないのに，同所同時刻頃，前記小刀を所持していたものである。

罪名及び罰条

第１，　刑法第199条・殺人罪
第２，　銃砲刀剣類所持等取締法第31条の16第１項・同法第３条第１項違反

4　公判前整理手続

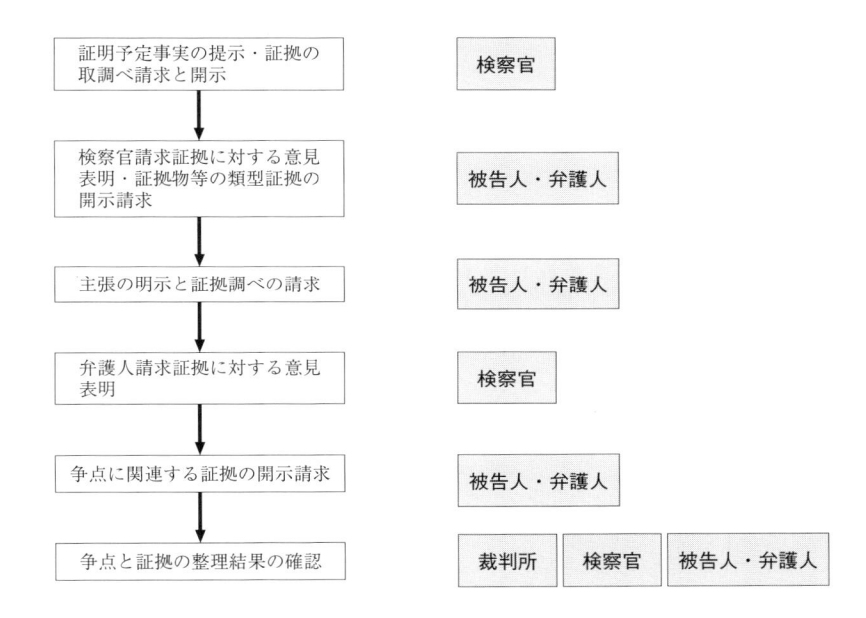

証明予定事実の提示・証拠の取調べ請求と開示	検察官
↓ 検察官請求証拠に対する意見表明・証拠物等の類型証拠の開示請求	被告人・弁護人
↓ 主張の明示と証拠調べの請求	被告人・弁護人
↓ 弁護人請求証拠に対する意見表明	検察官
↓ 争点に関連する証拠の開示請求	被告人・弁護人
↓ 争点と証拠の整理結果の確認	裁判所　検察官　被告人・弁護人

　裁判員裁判では，検察官・弁護側の主張や立証は，わかりやすい方法で行われ，証人尋問中心の裁判になることが期待されています。また，公判期日は，できるだけ連日開かれます。

　こうした審理に対応するため，検察官と弁護人は，公判手続に先だって，準備手続（**公判前整理手続**：刑訴法316条の2～27）を行い，争点の整理や主張・立証の予定を明らかにします。

● **本件の争点**

　検察官と弁護人双方から，公判で主張・証明する予定の事実が開陳された。その結果，双方ともに争いのない事実と争点となる事実が明らかになった。

（争いのない事実）
① 被害者と被告人が同居していた住居内において，被告人所有の小刀が

胸に刺さった状態で被害者が死亡していた事実
② 死亡原因は，胸部の刺創からの多量の出血によるという事実
③ 被告人が上記の小刀で被害者の胸部を刺した事実

以上については，検察官，被告人の双方が争いなく認めている事実です。

（争いのある事実）

① 凶器の小刀を取り出したのはだれか

<u>検察官側の主張</u>

「被告人から小刀を取り出して，殺害の意思をもって被害者を刺殺した。」

<u>被告人側の主張</u>

「被害者が最初に小刀で被告人を刺そうとした。被告人は，防衛のためにやむを得ず，被害者を刺した。」

② 被告人と被害者との関係

<u>検察官側の主張</u>

「被告人と被害者とは恋愛関係にあったが，事件の前から２人の間にはしばしば言い争いがあり，被告人が被害者に心中を迫っていたことが，両者の友人の供述から判明」

<u>被告人側の主張</u>

「被害者と恋愛関係にあり，痴話げんかのようなことをしたことがあることは認めるが，被告人から心中を迫ったことはない。心中を迫っていたのは，被害者のほうだ。」

③ 動機，被告人の暴力の有無

<u>検察官側の主張</u>

「被害者は最近，職場の上司と親密な関係になり，そのことで被告人は被害者を難詰し，時には暴力を振るっていた事実を目撃されている。」

<u>被告人側の主張</u>

「暴力を振るったことはない。被害者の最近の態度について注意したことはあるが，殺したいなどと思ったことはない。」

証拠の開示　証拠の開示も、この手続で行われます。まず、検察官側が起訴事実を明らかにし、その事実を証明するために証拠調べを申請する予定の証拠のリストを裁判所と弁護人に渡して、立証の予定を示します。このリストに載せられている証拠書類・証拠物については、検察官は、被告人または弁護人にそれらを閲覧する機会を与えなければなりません。弁護人に対しては、閲覧だけではなく謄写する機会を与える必要があります。証人や鑑定人等については、その名前や住居を知る機会を与え、かつ、その人たちの供述書や供述を録取した書面等を閲覧する機会を与えなければなりません（**検察官請求証拠の開示**：刑訴法316条の14）。

　検察側申請の証拠のリストについて、被告人・弁護人が、証拠調べをすることに同意・不同意の意見を述べます。その後、被告人・弁護人は、証拠調べ申請がされた証拠以外に、検察官手持ちの証拠で見たいと思うものがある場合には、法律に決められた類型の証拠（たとえば、証拠物、検証調書、被告人の供述録取書など）については、その開示を請求することができます（**類型証拠の開示請求**：刑訴法316条の15）。

弁護側主張の明示　その後、被告人・弁護人も、公判でする予定の主張の内容を明らかにします。弁護側の主張については、裁判員裁判でない場合には、とくに明らかにすることは義務づけられていません。裁判員裁判に特有のシステムです。弁護側の方針によってこの段階では主張を明らかにしないということもあり得ます。ただし、その場合には、弁護側にとって有利な証拠を検察官側が持っていると思われるときにも、そうした証拠の開示を求めることができなくなります。弁護側は、起訴事実に対する主張を明らかにするとともに、その主張に関連する証拠の開示を検察官側に請求することができます（**主張関連証拠の開示請求**：刑訴法316条の17）。

公判前整理手続の結果　示すべき証拠を検察官が請求どおりに開示をしない場合には、裁判所は決定によって開示命令を出します（**証拠開示命令**：刑訴法316条の26）。

　以上のような手続の上で開示された証拠を含めて、弁護側は証拠調べの請求を行い、これに対して、検察官が同意・不同意の意見を述べ、最後に裁判所が

証拠調べの対象にする証拠の範囲と証拠調べの順序，証拠調べに要する時間を決定します。

　公判前整理手続は，裁判官だけで行われて，裁判員の参加は認められていません。証拠調べの冒頭で行われる検察官と弁護人双方の冒頭陳述が，公判前整理手続における争点と証拠の整理の結果に基づいて行われ，その後に，公判前整理手続で確認された事件の争点と証拠の整理の結果が裁判員に明らかにされます（刑訴法316条の31）。整理の結果には，審理の進行予定も含まれます。

公判前整理手続と予断排除の原則　　実は，この公判前整理手続は，後に述べる予断排除の原則との関係で少し問題になります。というのは，裁判官は，この手続の中で，公判開始前に証拠としてどのようなものが提出されるか，それらの証拠についての資格があるかなどの検討を行うことになっています。公判開始前に証拠に触れるというのは，予断排除の原則に反するのではないかという問題が出てくるわけです。この問題をクリアするためには，この段階では，裁判官はできるだけ証拠の内容に踏み込まないようにすること，仮に証拠の内容に触れることがあっても，そこから余計な予断を持たないようにし，公判開始にあたっては，白紙の状態で望むようにしなければならないことが要請されます。このように，裁判員以上に，裁判官には予断排除の原則は重くのしかかってきています。

　なお，公判前整理手続については，実際上より問題な点は，裁判官と裁判員との情報ギャップが生じるということです。この点については，後の評議について述べるところで改めて触れることにします。

3 裁判員が関与する手続

　裁判は公開の法廷で，検察官，弁護人，被告人，裁判官，そして裁判員裁判では裁判員が出席して開かれます。これを「公判」といいます。公判が開かれる日（公判期日）の予定は予め裁判員に伝えられます。通常は，選任手続が行われる日の午後に第一回公判が開かれることになるでしょう。

1　冒　頭　手　続

　　　　　　　　　　　冒頭手続　　　　　被告人の人定質問　　　　裁判長
　　　　　　　　　　　　　　　　　　　　起訴状の朗読　　　　　　検察官
　　　　　　　　　　　　　　　　　　　　被告人の陳述　　　　　　被告人
　　　　　　　　　　　　　　　　　　　　弁護人の陳述　　　　　　弁護人

　第一回公判期日がやってきました。裁判官と一緒に，あなたたち裁判員が法廷に入ると，すでに，検察官，弁護人，被告人は着席して待っています。勾留されている被告人の隣には，拘置所の職員が付き添っていることがあるでしょう。傍聴人も傍聴席に座っています。あなたたちが入ると，裁判所の職員である廷吏が「起立」と声をかけ，法廷にいる人全員が起立するのが通常の法廷でしょう。

● 被告人の人定質問

（被告人，裁判長に言われて，裁判官席の正面に置かれた証人席に立つ。）
裁判長：被告人の氏名，住所，職業，生年月日を述べてください。
被告人：名前は松野飯太郎です。決まったところはありませんが，一時，穴田さんの家に住まわせてもらっていました。現在のところ職業はありません。生まれたのは，昭和60年11月10日です。

● 起訴状送達の有無，起訴状朗読

裁判長：起訴状の謄本は受け取っていますね。

被告人：はい。
裁判長：検察官，起訴状を朗読してください。
検察官：（起訴状に書かれた公訴事実と罪名・罰条を朗読する。）

● **黙秘権の告知**
裁判長：これから，今朗読された事実について審理を行います。被告人には，終始沈黙し，または，これからの審理において聞かれたことに何も答えなくてもよい権利があります。もちろん，いいたいことがあったら述べることはできます。ただし，審理において，あなたがいったことはすべて，利益・不利益にかかわらず証拠となります。わかりましたね。
被告人：わかりました。

● **被告人の意見陳述**
裁判長：それでは，先ほど検察官が朗読した起訴状について，何か意見がありますか。
被告人：穴田さんが「私と死んで」といって，私が机の引き出しにしまっておいた小刀を取り出し，それで刺そうとしてきたので，夢中で小刀を取り上げようとしてもみ合ううちに刺してしまいました。殺すつもりはありませんでした。

● **弁護人の意見陳述**
弁護人：被告人の行為は正当防衛で無罪です。

人定質問と起訴状謄本の送達の確認　第一回公判期日では，最初に，人定質問ということが行われます。被告人として出頭した人が本当に被告人本人かどうかを確認する質問です。被告人本人を特定する事項，すなわち，住所，氏名，職業などについて，裁判長が質問して確認作業が行われます。その後，起訴状の謄本が被告人に送られていることが確認されます。「公訴の提起は，起訴状の提出をしてこれをしなければならない」（刑訴法256条1項）となっていて，起訴状が裁判所に提出された段階で，この起訴状に被告人として記載され

ている人に対する公訴が提起されたことになるのですが，もし，被告人の手元に起訴状の謄本が届いていない場合には，その人はどのようなことで起訴されたのかわからないことになるので，起訴は無効になります（刑訴法271条2項）。

起訴状朗読と起訴状一本主義　そのような確認作業が行われた後，検察官が起訴状を朗読します。

　この段階では，起訴状以外のものを法廷に提出してはいけないことになっています（刑訴法256条6項）。これを「**起訴状一本主義**」といいます。検察官が起訴している事実がどういうことかを示すのが起訴状ですが，この段階ではその主張内容が明らかになり，それによって，これからどんな事実について審理が始まるのかをはっきりさせればよいので，余計なものをこの段階で持ち出すと，まだ証拠調べもやっていないのに，最初から被告人がやったという予断が生じてしまうおそれがあるからです。裁判員になったあなたも，起訴状で示されている事実（公訴事実）は，あくまでも検察官の主張であって，これからその主張が証拠によって証明されるかどうかを，慎重に判断するのだという思いで，検察官の朗読を聞いてください。これからは，裁判前に新聞や週刊誌，テレビなどで得た事件についてのニュースやコメントなどは一切忘れてください（予断排除の原則）。

　起訴状の朗読が行われた後，裁判長から被告人に対して黙秘権の告知などが行われ，起訴状に対する被告人と弁護人の意見が述べられ，**冒頭手続**と呼ばれる手続が終了します。

2　証拠調べ手続

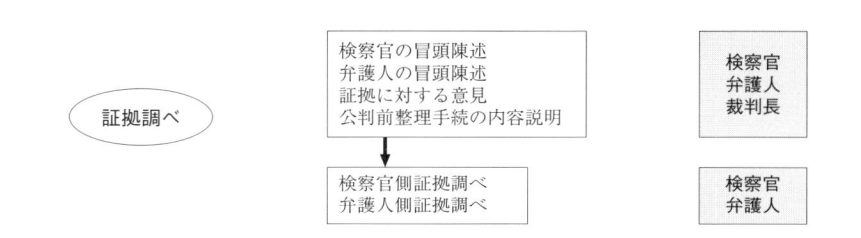

証拠調べ	検察官の冒頭陳述 弁護人の冒頭陳述 証拠に対する意見 公判前整理手続の内容説明	検察官 弁護人 裁判長
	↓	
	検察官側証拠調べ 弁護人側証拠調べ	検察官 弁護人

❸　裁判員が関与する手続

冒頭手続が終わると、証拠調べが始まります。証拠調べは検察官、弁護人の冒頭陳述から行われ、公判前整理手続の結果の説明が行われて具体的な証拠調べに入ります。

● **検察官側冒頭陳述**
　検察官：検察官が証拠によって証明しようとする事実は次のとおりです。
　　　　　（以下、省略）

● **弁護人側冒頭陳述**
　弁護人：弁護人が主張する事実は次のとおりです。（詳細、省略）
　　　　……本件は、正当防衛であり、被告人は無罪です。

冒頭陳述　刑事裁判は、あくまでも検察官が主張した事実が証拠によって証明されるかどうかを吟味する手続です。したがって、証拠調べは、まず最初に、検察官が証拠によってどのような事実を証明しようとするかを明らかにすることから始まります（刑訴法296条）。証拠によって証明すべき事実を述べることを「**冒頭陳述**」といいます。

　裁判員裁判では、検察官の冒頭陳述に加えて、被告人・弁護人も冒頭陳述をすることを原則としています（同316条の30）。

公判前整理手続の結果の説明　検察官と弁護人の双方からの冒頭陳述が終わった後、裁判長は、公判前に行われた争点と証拠の整理手続の結果を裁判員に説明します（刑訴法316条の31）。公判前整理手続で不同意になっていた書面などの証拠採否についても、ここで決定されます。

証拠調べの原則　検察官と被告人・弁護人双方の主張が明らかになり、証拠調べが行われる証拠について裁判所の決定が出ると、いよいよ具体的な証拠調べ手続に入ります。刑事裁判の原則で述べたように、**証拠裁判主義**にのっとって、検察官・弁護人の主張する事実は、証拠に基づいたものでなければなりません。裁判所も、事実を認定する場合には、すべて証拠によって行わなければなりません。

調書裁判の排除　証拠調べでは，今までは，「調書裁判」と呼ばれるように，目撃者や事件関係者の供述を捜査官が聞いた結果を書面にした「供述録取書面」という書面形式の証拠（書証）が証拠の中心になっていました。しかし，これでは公開の法廷で審理を行う意味がありません。裁判官は証拠調べで心証を得なくとも，後で書面を読めばよいということになるからです。

　従来から，書面中心の裁判には批判が強かったのですが，裁判員裁判では，公判で裁判員にわかりやすい証拠調べが行われなければなりませんから，書面による裁判ではなく，証拠物（物証：本件では小刀）や証人（人証）中心の裁判になるでしょう。書面が証拠として出されることもあるでしょうが，その場合には，書面の内容が朗読される必要がありますから，審理を迅速にするという要請から，よほどの場合でなければ書証はないということになります。証拠物の取調べは，その証拠物を法廷に示して行います。

自白中心主義の排除　「自白は証拠の王」という言葉があります。かつての刑事裁判は，自白を中心として，自白がありさえすれば有罪であるというような時代もありました。これによって，捜査官は，何が何でも自白を得ようということで，拷問によって自白を強要するということが行われました。これは人権侵害の極みです。そこで，憲法は，「何人も，自己に不利益な供述を強要されない」（38条1項）と自白の強要を禁止しました。そのような宣言だけではなく，「強制，拷問若しくは脅迫による自白又は不当に長く抑留若しくは拘禁された後の自白は，これを証拠とすることができない」（同条2項）として，強制等による自白の証拠能力を否定して，裁判で使えないようにしました。さらに，自白だけで有罪となることがないように，「何人も，自己に不利益な唯一の証拠が本人の自白である場合には，有罪とされ，又は刑罰を科せられない」（同3項）と規定しました。

　刑訴法も，憲法と同様，強制等による自白の証拠能力を否定し（刑訴法319条1項），自白だけでは有罪にされないこと（同条2項）を規定しています。さらに，自白については，犯罪事実に関するそのほかの証拠が取り調べられた後でなければ，その取調べを請求できないことにしています（刑訴法301条）。

証人尋問 証拠調べは検察官側の証拠から調べられます。証人尋問は，証人を申請した側（検察官側の証人については検察官，弁護人側の証人については弁護人）の尋問（主尋問）と反対当事者（検察官側の証人については弁護人）による尋問（反対尋問）が交互に行われます（**交互尋問方式**）。裁判員も裁判長に告げれば，尋問することができます。

審理によっては，事件の被害者やその法定代理人等が意見を述べる場合があります。その場合にも，その陳述の後で，陳述の趣旨を明らかにするために，裁判員は被害者等に質問することができます。

被告人質問 被告人が任意に陳述する場合には，裁判員は，裁判長に告げて，いつでも，被告人の供述を求めることができます。通常，当事者が，証拠調べの最後に，被告人に対する質問を求めますが，裁判員は，この機会に被告人に質問することもできます。

証拠能力と証明力 なお，証拠としての資格があるか否か（証拠能力）の判断をするのは，裁判官の役割ですが，その証拠がどの程度の証明力を持っているかについては，裁判員も個人個人で自由に判断することができます。ただし，「自由に判断する」といっても，通常の判断とは違うまったくとっぴな考えや，およそほかの人が納得できないような判断をしてよいということではありません。あくまでも，ほかの人が聞いてもそれなりの根拠がある判断は要求されます。裁判員法62条が，「裁判員の関与する判断に関しては，証拠の証明力は，それぞれの裁判官及び裁判員の自由な判断にゆだねる」（**自由心証主義**）としているのは，そうしたことを意味しています。

情状証拠の取調べ 情状証拠の取調べについては，検察官の主張する犯罪事実に関係する証拠が取り調べられた後に行われることになるでしょう。犯罪事実に関する証拠調べが終わって，情状証拠の取調べに入る前に，被告人が犯罪事実を行ったということが証明されているか否かという点について，評議をするべきかどうかについては議論があります。英米の陪審制のもとでは，陪審員が審理に関与するのは，被告人が有罪か無罪かを決める段階までですから，このような問題は生じません。裁判員制度のもとでは，裁判員は量刑判断にも関与するので，犯罪事実にかかわる証拠だけではなく，情

> **Topic ④ 犯罪被害者参加**
>
> 被害者は，事件について告訴をすることができる。告訴がないと起訴できない罪（親告罪）もあるが，通常，告訴は捜査機関に事件を取り上げる契機を与えるだけで，告訴があったからといって，捜査機関は事件を起訴する必要はない。起訴・不起訴を決定するのは，基本的には検察官である。唯一の例外は，公務員による職権濫用事件である。公務員による職権濫用については，被害者は裁判所に対して事件を審判に付するように求めることができる（付審判請求）。もっとも，この場合でも，事件について裁判をするか否かは裁判官の判断にかかっている。
>
> オウム事件などの事件の発生後，犯罪被害者の声が強くなり，とくに，2000（平成12）年以降，刑事手続への参加を求める声が国会でも取り上げられることが多くなった。2000年の刑事訴訟法改正によって，犯罪被害者の公判における意見陳述権と訴訟記録の閲覧謄写権が認められ，2007（平成19）年には，被害者が検察官席に座って，証人や被告人に対して質問することができる被害者参加人制度が認められた。さらに，2008（平成20）年には，資力のない被害者が参加を希望する場合には，国の費用による代理人選任制度も認められた。

状証拠からも有罪という心証をとるかもしれません。しかし，有罪か無罪かの判断は，あくまでも犯罪事実に関する証拠だけから行わなければならないので，情状証拠から有罪の心証をとってはいけないのです。

このようなことを考えると，犯罪事実に関する証拠の取調べが終わった後は，一旦事実についての評議を行い，その結果有罪という結論が形成された上で情状証拠の取調べに入る必要があるでしょう。

被害者等の意見陳述　事件の被害者は，刑事裁判では当事者として登場してきません。刑事事件における当事者は，加害者と被害者ですが，裁判における当事者は，検察官と被告人です。被害者は，通常は，証人として証言します。

2000（平成12）年の刑訴法改正によって，被害者またはその法定代理人は，検察官を通じて，公判廷で意見の陳述を申し出ることができるようになりました（刑訴法292条の2）。ここで被害者の法定代理人とは，被害者が死亡した場合における被害者の配偶者，両親，祖父母などの直系親族，または兄弟姉妹を指

しています。被害者等から意見陳述の申出があった場合には，検察官は，意見をつけて，このことを裁判所に通知し，裁判所は，被害者等に，適宜，公判期日における意見陳述をさせることになります。その際，強姦事件のように，被害者が傍聴人や被告人に顔を見せることによって二次被害を受けるおそれがある場合には，姿が見えないような遮へい措置をしたり，ビデオリンクによる陳述をすることが認められています。

　裁判員は，この意見陳述後，その趣旨を明確にするために，裁判長に告げて，陳述をした被害者等に質問することができます。

　なお，この意見陳述は，犯罪事実の認定のために用いることはできません。

3　論告・求刑，最終弁論

論告・求刑	検察官
最終弁論	弁護人

論告・求刑と最終弁論　　証拠調べがすべて終わると，公判の審理はこれで終了したということになります。公判審理の最後に，まず，検察官から論告が行われます。論告とは，証拠調べの結果，検察官の主張にかかる事実が証明された，したがって被告人はその事実を行ったことについて有罪である，との検察官のまとめ的主張です。また同時に，検察官が証拠によって示した情状事実に基づき，被告人をどれどれの刑に処すべきである旨の主張（求刑）も行われます。これらはいずれも検察官の主張ですので，裁判員はその主張に縛られる必要はありません。事実の認定も刑の判断もいずれも，裁判員であるあなたの判断で行う必要があります。

　被告人・弁護人も最終弁論を行い，検察官の主張に反論します。

サミング・アップ　　以上の双方の最後の主張を聞いた上で，裁判員は，裁判官とともに法廷から評議室に入り，評議を行います。英米では，評議室に入る前に，裁判長がそれまでの審理経過を要約し，場合によ

っては，証拠との関連についても要約的に説明する「サミング・アップ」ということが行われます。日本の裁判員制度では，次に触れるように，法廷での要約は行われませんが，評議に入る冒頭で裁判長から裁判員にわかりやすいように説明が行われることになっています。この点については，どのような要約が行われるかは，当事者双方にとって重大な関心事ですので，本来は法廷で当事者の前で事実の要約が行われるほうがよいと思われます。あるいは，実際に手続が開始されれば，当事者からそのような主張が出てくる可能性もあります。

4　評議・評決

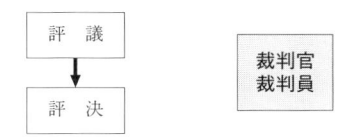

```
評　議
  ↓           裁判官
評　決         裁判員
```

中間評議　証拠調べの結果に基づいて，いよいよ被告人の有罪・無罪を決定する評議に入ります。最後の段階での評議のほかに，証拠調べの途中でも中間的な評議をすべきであるという意見もあります。たとえば，検察官の立証でその日の公判が終了したという場合に，一応，その日の整理とまとめの評議を行うほうがよいという意見です。しかし，検察官からの証拠を調べた段階では有罪方向での証拠しか出ていませんので，有罪方向への心証が固まってしまう危険性があります。すべての証拠調べが終了する段階までは，できるだけ虚心に事実に向き合うほうがよいので，評議は最後の段階で一括して行うほうがよいでしょう。もっとも，すでに少し述べましたが，事実認定と量刑判断との間に行う評議は別です。この点については，次のところも見てください。

陪審裁判における評議との違い　英米では，陪審員は被告人の有罪・無罪の決定にだけ関与するので，陪審員の評議は事実の認定についてだけです。しかし，裁判員制度では，裁判員は，有罪の場合の刑の量定にもかかわる

> **Topic ⑤**　アメリカの陪審裁判を描いた名作：12人の怒れる男
>
> 　原題『12 Angry Men』、1957年公開。スラム街に家族で住む少年が父親を殺害したという罪で起訴され、陪審裁判にかけられるというもので、ドラマは、証拠調べが終了して、陪審員が評議室に入るところから始まる。ほとんどの陪審員が少年は有罪であると思い、早く評議を終了させようとする。しかし、ヘンリー・フォンダ演じるひとりの陪審員の「話し合いましょう」という言葉から話し合いが持たれ、証拠・証言を検討するうちに、ほかの11人の陪審員の確信も徐々に揺らいでゆき、ついに、全員無罪の評決に達するというストーリー。この評議の過程で、さまざまな職業や年齢、出身階層の人がそれぞれ自分の体験に照らして証言や証拠の価値を判断するのが、大変印象的に描かれている。陪審制度については、「12人の英知の結晶」という評価があるが、この映画はそのことを見事に表現した。監督は、シドニー・ルメットで、彼はこの作品で第7回ベルリン国際映画祭金熊賞を受賞している。
>
> 　日本でも、この映画に触発されて、筒井康隆作の『12人の浮かれる男』(1976年)や三谷幸喜作の『12人の優しい日本人』(1990年)などの戯曲が生まれている。『12人の優しい日本人』は映画化(1991年)もされ、テレビドラマ『帝都の夜明け』(→ Topic ①)にもこの映画の影響が色濃く出ている。

ので、以後の評議では、裁判官と裁判員との双方が加わって、まず、有罪か無罪かを決定し、有罪と決定された場合には、さらに、どのような種類の刑を選択し、どの程度にするかについても、評議します。評議にあたっては、裁判長は、「裁判員に対して必要な法令に関する説明を丁寧に行うとともに、評議を裁判員に分かりやすいものとなるように整理し、裁判員が発言する機会を十分に設けるなど、裁判員がその職責を十分に果たすことができるように配慮しなければならない」(裁判員法66条5項)とされています。

　ただし、前述のように、事実認定と情状との間は分ける必要があるでしょう。その点では、その両方の手続の分かれ目では、事実に関する評議をする必要があります。この限りでは中間評議をするのもよいということについては、すでに述べました。

事実認定についての評議　事実の認定にあたっては、起訴事実が「合理的な疑いを入れない程度」に証明されているかどうかが、最大の問題です。

「合理的な疑いを入れない程度」の証明というのが，どの程度かを議論すると，なかなか難しいのですが，一応の証拠はあるけれども，どうも被告人の主張も捨てきれないというような場合には，まだ，検察官の主張事実は明確に証明されているとはいえないので，有罪というわけにはいかないのです。「事実認定は検察官の主張に対する疑いをぬぐう手続」ということもいわれます。どうも釈然としないという点があれば，その釈然としない疑問が，証拠を見，聴きし，みんなで議論してもどうしても解消されない限り，無罪という判断をする以外にありません。この点は十分に慎重に判断してください。その際，裁判官がいっているからそれに従おうというような態度は，決してとるべきではありません。裁判官の意見であれ，だれの意見であっても，納得できなければ納得できるまで説明を求める必要がありますし，最後の判断はあくまでもあなた自身で行わなければなりません。

評議における裁判官の役割　すでに述べたように，公判前整理手続において，裁判官は公判前に予断を持つ危険性があり，また，裁判員よりも多くの情報に接する機会を持つことになります。このような点を考えると，評議にあたっては，裁判官はできるだけ謙抑的な態度で臨むことがよいように思われます。もともと，事実の認定は，法律の専門家である裁判官だからといって，市民以上に妥当な判断ができるわけではありません。いや，むしろ多様な社会経験を積んだ人たちから選ばれている裁判員のほうがいろいろな角度から事実を見ることができ，より妥当な結論に達する可能性もあります。裁判に市民が参加することのメリットは，実にこの点にあるといえます。そうしたことを考えると，評議，事実認定については，裁判官はできるだけ後ろに退がり，裁判員をリードすべきではなく，裁判員の意見の聞き役，整理役に徹すべきでしょう。

法令の解釈　なお，事実認定の前提として，法令の解釈が問題になる場合があります。法令の解釈についての判断と訴訟手続についての判断は，裁判官の役割とされており，裁判長は，必要と認めるときは，評議の際に，法令の解釈や訴訟手続についての裁判官グループの判断を示すことになっています。裁判員は，そこで示された判断に従って職務をしなければならない

とされています。しかし，この点についても，裁判員が疑問を持ったり，よくわからないということで，示された判断について質問することは，まったく問題がありません。疑問や質問に答えられない場合には，裁判官グループはもう一度協議する必要があるでしょう。

量刑についての評議　法律上では，事実に関する評議と量刑に関する評議は，とくに分けられていませんが，前述のように，この両者は手続的にも分けたほうがよいと思います。事実認定手続と量刑手続とをはっきりと分けないで評議を行うとしても，実際上は，事実認定についての評議が終了した後に，量刑についての評議を行うことになるでしょう。

量刑についての評議で，最も重要なことは，すでに述べたように，どのような基準で量刑判断を行うかということです。量刑判断というのは，① どのような事実に基づいて判断するかということと，② どの程度の刑を言い渡すかということの2つの判断からできています。この点については，詳しくは，後述のⅢ-3-4「刑罰の適用にあたって」の項を見てください。

評決の方式　評議は全員一致を目指して議論しますが，どうしても全員一致に至らない場合には，多数決による評決を行います。通常の合議体は裁判官3人，裁判員6人で構成されますから，最低限5人の意見の一致で決めることができるわけですが，裁判官と裁判員のそれぞれから少なくとも1人は加わっていなければならないとされている（裁判員法67条1項）ので，裁判員5人の意見だけで決めることはできません。この点は，事実認定についても刑の量定についても同じです。刑の量定については，意見がいろいろと分かれる可能性があります。その場合には，被告人に最も不利な意見をより利益な意見に加えていって，最終的に最も利益な意見によることになっています（同条2項）。

多数決評決の問題　諸外国の制度についての比較表（→**資料**①）で示されているように，評決を単純多数で行うのは，スコットランドと日本の裁判員制度だけです。英米の陪審制は，もともとは12人の全員一致を必要としていました。それがアメリカ各州でも，イギリスでも，全員一致でなくてもよい制度に改正されてきたのですが，それでも，アメリカでは単純多

数ではなく，少なくとも「実質的に多数」でなければならないとか，イギリスでは，できるだけ全員一致を目指し，2時間の評議によっても全員一致に達しない場合には，一旦そのことを裁判官に答申して，11対1の多数，それでも達しない場合には，10対2までの多数で評決を行うことを裁判官が許可して，はじめて多数決評決ということにしています。日本の裁判員制度のような単純多数というのは，極めて異例であることがこれでわかると思います。日本の制度においても，できるだけ全員一致を目指すべきで，どうしても全員一致に達しない場合にやむを得ない措置として多数決があると考えるべきでしょう。とくに，有罪判決については，単純多数で決するというのは，かなり乱暴なことだと思います。「合理的な疑いを入れない証明」に達したという判断は，本来は，1人の裁判員が有罪に疑いをはさんだ場合には成り立たないと考えるべきだと思われます。裁判員の判断はすべての人が「合理的な判断をする人」であることを前提としていますから，その1人が抱く疑いは，それ自体合理的と考えられるからです。少なくとも，有罪判決に達するためには，全員一致を必要とすると考えるべきでしょう。

　量刑についても，とくに死刑の評決は，全員一致にすべきです。

5　判決の宣告

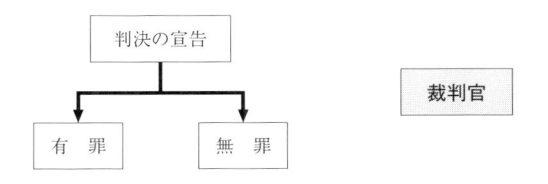

　判決の宣告は，裁判員が立ち会い，裁判官が行います（裁判員法63条）。裁判員の任務は，判決の宣告終了と同時に終了します。裁判官は，判決宣告後に，宣告した判決の内容を，判決書にまとめます。

4 その後の手続

　裁判員は，判決の宣告によって任務から解放されます。

　判決の宣告後，判決の内容に不服がある場合には，被告人は判決宣告から14日以内に控訴の申立てをすることができます。検察官も同様です。

◆ 上訴の流れ図 ◆

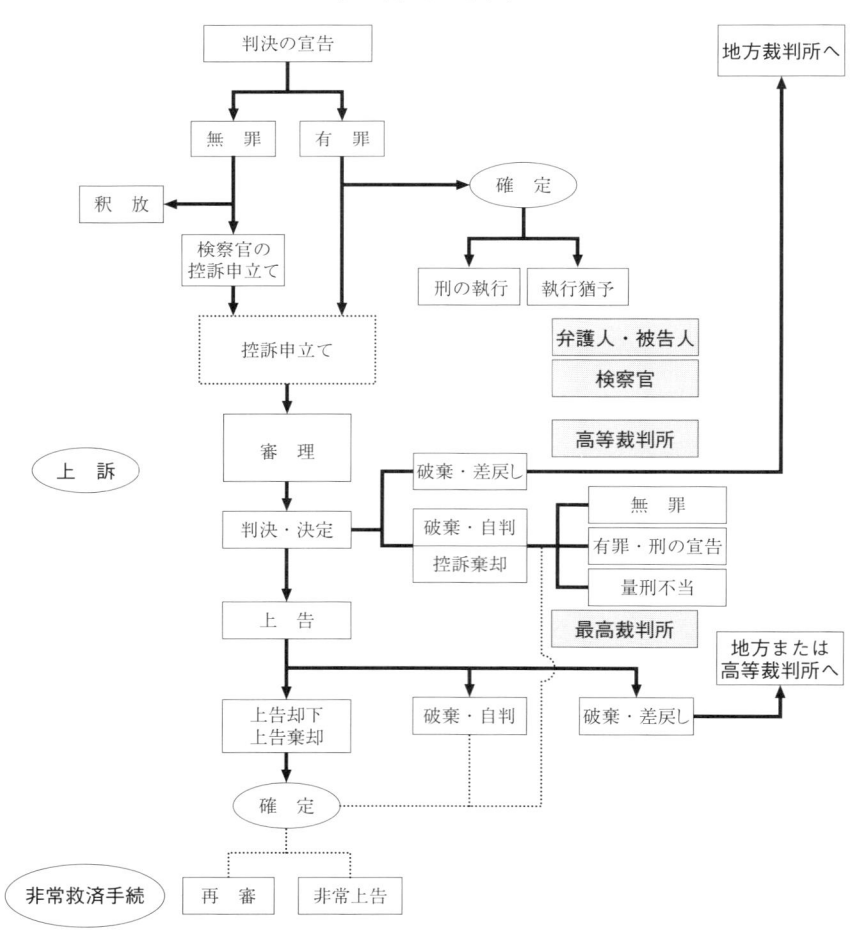

```
                    判決の宣告
                   ┌────┴────┐
                  無罪        有罪
                   │          │
                  釈放      ┌──┴──→ 確定
                            │        │
                       検察官の   ┌──┴──┐
                       控訴申立て 刑の執行 執行猶予
                            │
                            ↓                 弁護人・被告人
                       控訴申立て              検察官
                            │
                            ↓                 高等裁判所
上訴                      審 理 ────── 破棄・差戻し ──────→ 地方裁判所へ
                            │                    ┌─ 無 罪
                       判決・決定 ── 破棄・自判 ──┼─ 有罪・刑の宣告
                            │        控訴棄却    └─ 量刑不当
                            ↓
                          上 告                  最高裁判所
                            │
           ┌────────┬───────┐                    地方または
          上告却下  破棄・自判  破棄・差戻し ────→ 高等裁判所へ
          上告棄却
            │
            ↓
          確 定
            │
非常救済手続 ├── 再 審 ── 非常上告
```

66　Ⅱ　裁判員制度下での刑事手続

1 上　訴

(a) 控　訴

被告人の控訴　地方裁判所の有罪判決に不服がある被告人は，高等裁判所に控訴を申し立てることができます。無罪を争う場合だけではなく，量刑が重すぎるという理由でも不服を申し立てることができます。無罪判決には，被告人は不服を申し立てることができません。

検察官の控訴　無罪判決や量刑について不服がある場合には，検察官は，控訴を申し立てることができます。英米の場合には，基本的には，検察官は事実認定について不服を申し立てることができません。とくに，陪審制との関係では，陪審員のした裁判に対して，職業裁判官を中心とする上部の裁判所へ不服を申し立て，陪審裁判の結果を覆すということになると，市民の判断を無視することになるので，検察官側の不服申立てについては，かなり厳格な態度をとっています。日本でも，学者や弁護士の中には，検察官の控訴に対しては疑問があるとする見解が有力にあります。裁判員裁判の場合には，その点がとくに問題になります。裁判員裁判を採用するときの議論でも，第一審の改革だけではなく，控訴制度の改革も必要であるということがいわれたのですが，現在のところ従来どおりの控訴制度がとられています。

控訴審の性格　控訴審は，基本的には，原判決である第一審の判断の当否を審査する場です。第一審の判断の当否を審査するということは，もう一度判断を改めて行うということではありません。基本的には，事実認定については，第一審の判断を尊重して，むしろ，法律的な判断の誤りを中心として審査するというのが，控訴審の役割です。したがって，控訴審は，「事後審」であり「法律審」であるといわれます。

控訴審の判断　控訴審は，控訴に理由があると認めた場合には，原判決を破棄します。原判決を破棄した上で，控訴審が自ら判決をする場合（破棄自判）と，原審へ差し戻す場合（破棄差戻し）があります。裁判員裁判が破棄差し戻された場合には，再び裁判員裁判で審理が行われることになります。控訴に理由がない場合には，控訴棄却という判断が出されます。

> **Topic ⑥**　八海（やかい）事件：3度も最高裁判所の判断が出た事件
>
> 　1951（昭和26）年1月25日夜，山口県熊毛郡麻郷村（現在の山口県田布施町）八海で夫婦が惨殺され金銭が奪われるという強盗殺人事件が発生した。この事件で逮捕されたYは，当初単独犯であると自白していたが，複数による犯罪であると見ていた警察の執拗な取調べの結果，共犯者としてAら4名の名前を挙げた。YほかAらは強盗殺人罪で起訴され，Aらは無罪を主張したが，1952（昭和27）年6月2日，第一審広島地裁は，Aに死刑，その他の被告人に無期懲役の判決を下した。
> 　被告人と検察官双方の控訴を受けた広島高裁は，1953（昭和28）年9月18日，Aの死刑とYの無期懲役を維持し，その他の者については，被告人側の量刑不当の主張を容れて12年と15年の懲役刑に処した。
> 　Yを除く4名の被告人は，最高裁判所に上告し，1957（昭和32）年10月15日，最高裁判所第三小法廷は，被告人らの事実誤認の主張を容れて，原判決を破棄して，事件を広島高裁に差し戻した（第一次上告審）。
> 　差戻しを受けた広島高裁は，審理の結果，無罪の判決を言い渡したが，検察官は再び上告し，第二次上告審は，1962（昭和33）年5月19日，今度は有罪方向で，原無罪判決を破棄し，再び広島高裁に差し戻した。再度の差戻し審で3度目の有罪判決。
> 　結局，1968（昭和43）年10月25日，第三次上告審が有罪判決を破棄自判して，被告人全員に無罪を言い渡し，事件発生以来18年にわたるAらの冤罪生活にピリオドが打たれた。
> 　第一次上告審判決の出される前年の1956（昭和31）年には，この事件を題材にした映画『真昼の暗黒』が公開された。「お母さん！まだ，最高裁がある!!」という悲痛な叫びを上げる被告人の顔のクローズ・アップで終わるこの映画は，「八海事件」の弁護人であった正木ひろし弁護士の著書『裁判官』を元にして製作され，冤罪の恐ろしさを世の人々に知らしめた。

(b)　上　　告

　控訴審の判断に不服がある場合には，最高裁判所へ**上告**することができます。控訴と上告とを統括する言葉が「上訴」です。上告は，控訴以上に制限されていて，原則として，憲法違反か判例違反以外には認められないことになっています。事実認定の誤り（事実誤認）は，独立した上告理由とはならないというのが，一応の建前です。ただし，最高裁判所が職権で取り上げるのは認められているので，事実上は，事実誤認を理由とする上告も行われています。

　上告審の判断にも，破棄自判・破棄差戻しがあります。最高裁判所が上告に

> **Topic ⑦**　　白鳥決定と死刑再審 4 事件
>
> 　有罪判決を受けて，刑に服した多くの人が冤罪を叫んで，裁判のやり直しを要求してきた。古くは，明治末の大逆事件の被告人たちにさかのぼる。しかし，再審開始への道は遠く厳しく，「開かずの門」と言われ続けてきた。
> 　1975（昭和50）年5月20日最高裁判所第一小法廷は，戦後まもなく札幌で起きた警察官射殺事件（白鳥事件）に関する再審請求の裁判において，画期的な判断を示した。最高裁は，再審請求自体は退けたが，再審においても，刑事裁判の基本原則である「疑わしいときは被告人の利益に」という原則が適用されるという判断を示したのである。
> 　この後，死刑が確定した4つの事件（免田事件，財田川事件，松山事件，島田事件）の再審請求において，次々に再審が開始され，死刑判決が覆されて無罪判決が出された。

理由がないと判断する場合には，上告棄却という判断が行われます。

2　再審・非常上告

　第一審の判断に対して上訴されないか，控訴や上告という通常の不服申立てが尽くされれば，判決は確定して，有罪の場合には，刑が執行されます。しかし，例外的に，判決が確定して，刑が執行されている間や執行が終了した後でも，非常救済手続といわれるものが認められています。再審と非常上告がそれです。

(a)　再　審

再審の意義　再審は，確定した有罪判決に対して，有罪の言渡しを受けた人の利益のために行われる手続です。有罪判決を受けた人やその法定代理人・保佐人，配偶者，直系親族，兄弟姉妹，または検察官が再審開始を請求し，裁判所が再審開始を決定して開始されます。無罪判決に対する再審請求は認められていません。

再審請求の理由 　再審請求は，刑訴法435条に有罪判決の証拠となった証拠書類などの偽造などが判明したときなど，7つの理由があげられています。とくに重要なものは，無罪または確定有罪判決よりも軽い罪を認めるべき明らかな証拠が新たに発見されたこと（刑訴法435条6号）を理由とする再審請求です。

(b) 非常上告

　非常上告というのは，判決確定後，その事件の審判が法令に違反したことを発見した場合，検事総長が最高裁判所に確定判決の破棄を求める手続です。この手続では，確定判決が被告人に不利益な場合に限り，破棄した上で，もう一度判決をしますが，そうでない場合には，この手続による効果は被告人には及びません。

3　行刑，処遇

　有罪判決が確定すると，実刑の言渡しの場合には，刑の執行が行われます。後に見るように，主な刑罰としては，死刑という生命刑を最高のものとして，懲役と禁錮という自由を奪う自由刑，そして，罰金刑のように財産に対する刑である財産刑という，3種類のものがあります。このうち，財産刑については，裁判員裁判では，直接的には問題になりません。裁判員裁判の対象になる事件は，死刑または無期懲役・禁錮にあたる罪にかかる事件と故意の犯罪行為によって被害者を死亡させた罪にかかる事件ですから，裁判員裁判においては，死刑か重い懲役・禁錮が問題になります（具体的にどのような罪が裁判員裁判の対象となるかについては，後述参照）。これらの刑の言渡し後，受刑者たちはどう取り扱われるか，裁判員の方たちにも，このことに関心を持っていただく必要があります。どのような刑を言い渡すのかの判断の際にも，言渡しの効果を念頭に置いて行われるのが，当然だからです。

確定裁判の実際 　2010（平成22）年版の犯罪白書によると，2009（平成21）年に刑事裁判が確定したのは，50万3,245人であり，うち，

有罪確定者は総数で50万2,712人，内訳は，死刑17人，無期懲役88人，有期懲役6万8,543人（うち執行猶予3万9,776人），有期禁錮3,362人（うち執行猶予3,169人），罰金42万7,600人，拘留16人，科料3,086人です。ちなみに，無罪確定者は75人で，無罪率は0.01％，1万人に1人です。死刑と無期懲役の確定者は最近は増加が著しくなっています。地方裁判所における有期懲役・禁錮の科刑状況を見ると，刑期が「1年以上3年以下」の者は4万4,801人で70.6％を占め，刑期が「25年を超え30年以下」の者は20人，「20年を超え25年以下」の者は33人，「15年を超え20年以下」の者は82人となっていて，とくに，裁判所によって科される刑期が長い人の割合が最近は増加してきています。

刑事施設への収容状況 刑事施設には，懲役・禁錮または拘留の受刑者を収容する刑務所と少年刑務所のほか，裁判が確定する前の人たちを収容する未決収容施設としての拘置所，そのほか，罰金が完納できない人を留置する労役場や法廷等秩序維持法によって監置処分になった人を収容する監置場があります。

これらの刑事施設の収容定員は，全体で9万0,354人（2009〔平成21〕年12月31日現在）であるのに対して，収容人員は7万5,250人で，定員に比較した収容人員の率（収容率）は83.3％です。このところ続いた過剰収容という状況はなくなっています。収容人員が収容定員を超えている刑事施設は，77施設中20施設（26.0％）です。

最近の特徴的なことは，2000（平成12）年以降，男性よりも女性のほうが被収容者の増加率が大きいことと，高齢者の占める比率が上昇していることが指摘されます。

また，最近は，はじめて刑事施設に収容される受刑者の割合が増加してきて，そうした人たちを収容する施設のほうが，犯罪を繰り返し何度も刑務所に収容されている受刑者を収容する施設よりも過剰収容状態であるともいわれています。

過剰収容の原因については，いろいろな分析もありますが，一番の原因は，言い渡される刑期が長く厳しくなり，また，刑期の満了前に仮に釈放する仮釈放の運用も厳しくなったことにあると思われます（仮釈放については，後述参

照)。

刑事収容施設及び被収容者等の処遇に関する法律　　刑事施設において受刑者たちをどのように取り扱うかは，たいへん困難な仕事です。この仕事を「処遇」と呼んでいますが，適切な処遇のためには，受刑者の改善を目指すとともに，その人権を尊重することが必要です。

　2007（平成19）年6月1日，1908（明治41）年から長く刑事施設運営実務の基本法であった旧監獄法に代えて，未決拘禁者等の処遇についても定めた「刑事収容施設及び被収容者等の処遇に関する法律」が施行されました。この法律の1条には，「刑事収容施設の適正な管理運営を図るとともに，被収容者，被留置者及び海上保安被留置者の人権を尊重しつつ，これらの者の状況に応じた適切な処遇を行うことを目的とする」とうたわれています。

　新法では，旧監獄法に比較して，被収容者等の権利義務関係をできるだけ明確にし，また，職員の権限等をも定めています。この法律のもとでは，従来の作業中心の処遇から教育指導という名において，新たな教育プログラムを積極的に開発することが求められています。

❺ 少年手続

◆ 少年手続の流れ図 ◆

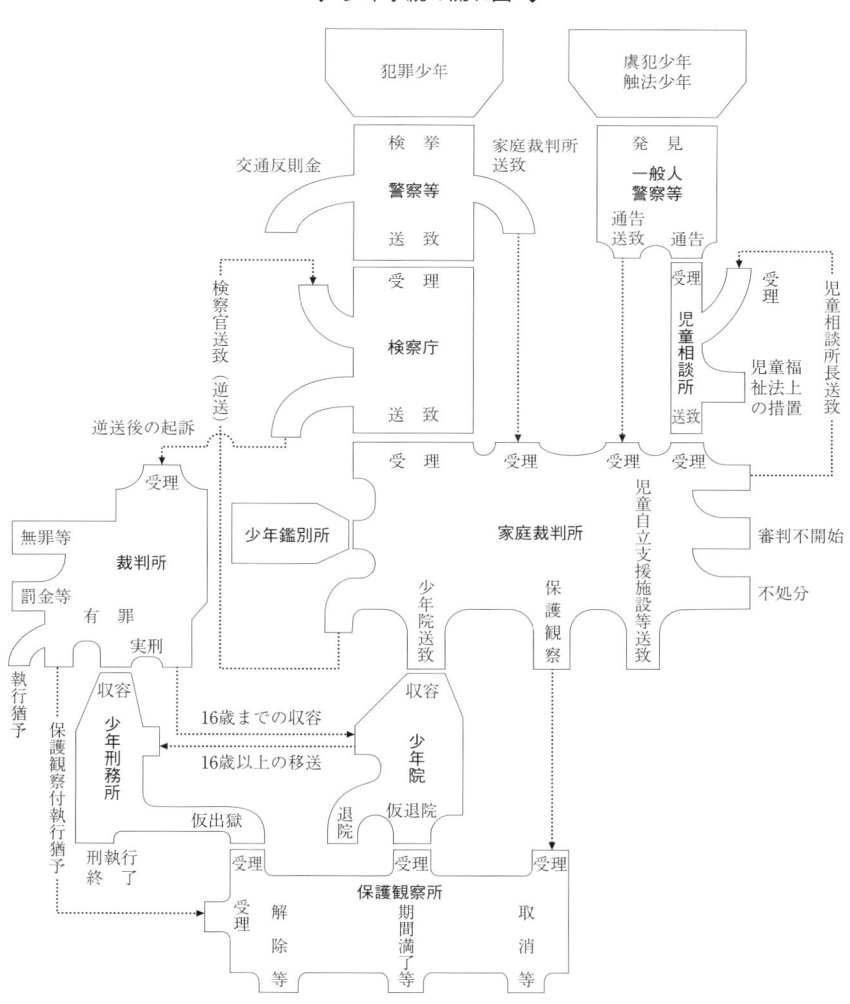

```
                    犯罪少年              虞犯少年
                                         触法少年

            検挙                          発見
   交通反則金     家庭裁判所            一般人
            警察等   送致                警察等
                                                  児童相談所
            送致        通告           通告        長送致
                       送致
            受理                       受理        児童相談所
            検察庁               児童相談所        児童福祉法上
                                                  の措置
            送致                       送致
   検察官送致                              
   （逆送）  受理      受理     受理     受理
   逆送後の起訴
            受理
   無罪等   裁判所  少年鑑別所  家庭裁判所         審判不開始
   罰金等
            有罪                                   不処分
            実刑
                          少年院送致   保護観察
                                              児童自立支援
                                              施設等送致
            収容                 収容
   執行猶予  少年刑務所  16歳までの収容  少年院
            16歳以上の移送
   保護観察付執行猶予
            仮出獄          退院    仮退院
            刑執行終了
                        受理      受理    受理
                        保護観察所
                   受理  解除     期間    取消
                        等       満了等   等
```

1　少年手続と家庭裁判所

全件送致主義　　罪を犯した人が20歳未満の少年である場合には，刑事訴訟法ではなく少年法に定められた手続が優先して適用されます。捜査過程については，刑事訴訟法の手続も適用されるので，未決収容機関等以外は成人の場合と基本的な取扱いには大きな違いはありませんが，捜査が終了した段階からは，少年法の規定する手続によって，すべての事件は一旦家庭裁判所に送られます（**全件送致主義**：少年法3条1項）。ただし，14歳未満の少年については，都道府県知事または児童相談所長から事件が送られた（送致）ときに限って，家庭裁判所の審判に付されます（同条2項）。

保護主義　　罪を犯したと捜査機関が認めた少年も，家庭裁判所で審判され，原則として，犯罪に対する刑罰ではなく，非行に対する**保護処分**という処分が下されます。これは，少年の可塑性や可変性に配慮して，少年の犯した事件の大小で処分を考えるのではなく，将来の可能性などの少年自身の問題を解決するために保護を必要とするかどうか（**要保護性**）で判断しようという考えに基づいています。少年法が「**保護主義**」を理念とするというのは，こうしたことです。また，家庭裁判所で少年の事件を扱うときには，これを裁判という形ではなく，「審判」という形で行います。「審判」は，2000（平成12）年の少年法改正によって，「非行のある少年に対し自己の非行についての内省を促す」ということが付け加えられましたが，「懇切を旨として，和やかに行う」ことを基本として進められなければなりません（少年法22条）。

保護処分　　**保護処分**には，保護観察所の保護観察，少年院への送致，児童自立支援施設または児童養護施設への送致があります（少年法24条）。

2　逆送について：少年事件が地方裁判所の事件になるとき

逆　　送　　家庭裁判所は，死刑，懲役または禁錮にあたる罪の事件について，調査の結果，その罪質と情状に照らして刑事処分を相当と

認めたときは，事件を検察官に送るという決定をしなければなりません（少年法20条1項）。この決定を「逆送」決定と呼びます。

　2000（平成12）年の法改正以前は，逆送決定は，16歳以上の少年に対してだけに限られていたのですが，2000年の法改正によって，14歳以上のすべての少年の事件について逆送決定ができるようになりました。同時に，16歳以上の少年が，故意の犯罪行為によって被害者を死亡させた罪（たとえば，殺人，傷害致死，強盗致死など）の事件を犯した場合には，原則として逆送しなければならないと改正されました。

　このような改正の結果，逆送事件が多くなっています。

地方裁判所における少年事件の審理　逆送された事件について，検察官が起訴した場合には，少年事件も地方裁判所の審理の対象となり，裁判員裁判に付される可能性があります。裁判員裁判に付されたか否かにかかわらず，少年事件が地方裁判所で審理される場合でも，少年の特性を考慮して，少年法の理念に沿って判断されるべきでしょう。

少年に対する刑罰の特則　少年事件が地方裁判所で審理された場合に，有罪という判断になったときは刑罰が言い渡されます。ただし，少年の場合には，特別な定めがあります。罪を犯したときに18歳未満の少年に対しては，成人ならば死刑に値する罪であったとしても，無期刑を科さなければなりません。また，無期刑相当のときは，10年以上15年以下の有期刑を科すことができます（少年法51条）。長期3年以上の有期の懲役・禁錮刑を科す場合には，短期と長期とを決めて言い渡す不定期刑を科することになっています（たとえば，「被告人を3年以上7年以下の懲役刑に処する」など。：少年法52条1項）。最長でも，短期は5年，長期は10年です（同条2項）。

❺　少年手続　75

III 裁判員にとっての刑法（総論）
：犯罪を理解するための基礎知識

❶ 刑法の原則

　以下では，裁判員として知っておくとよい刑法理論について解説します。

　刑法上の罪と罰とは何かをできるだけ本書で取り上げている事件例に沿って説明していきますが，その前に，刑法上踏まえなければならない原則を説明しておきましょう。

1　犯罪と刑罰の法定

罪刑法定主義　踏まえなければならない第一の原則は，人のした行為が犯罪として処罰されるためには，その行為が犯罪であり，一定の刑罰によって処罰されるということが，行為の前に法律で規定されていなければならないということです。これを**罪刑法定主義**といいます。犯罪と刑罰について規定している法律が，「刑法」です。通常，「刑法」と呼ばれるのは，1907（明治40）年制定の「刑法」という名の法律です。このほかにも，犯罪と刑罰を規定している法律はありますが，「刑法」が犯罪と刑罰について規定している基本的な法律です。この法律には，殺人罪や窃盗罪など，私たちになじみの深い犯罪がその要件とそれに科される刑罰とともに規定されています。たとえば，殺人罪は199条に「人を殺した者は死刑又は無期若しくは5年以上の懲役に処する」と規定されています。人を殺す行為が犯罪として処罰されるのは，この規定があるためです。行為の前にこのような規定があってはじめて処罰できるのです。このことから，処罰規定をその成立以前に行われた行為にさかのぼって適用してはいけないという**遡及処罰の禁止**という要請が生まれてきます。憲法39条が，「何人も，実行の時に適法であった行為……については，刑事上の責任を問はれない」としているのは，その意味です。

遡及処罰の禁止の例　例をあげましょう。ある大学のクラブで数人の男性が女性を強姦するという事件が起きました。2004（平成16）年末の刑法改正によって，集団で強姦する行為を通常の強姦罪よりも重く

79

> **Topic ⑧**　「類推解釈の禁止」に違反するとされた事例
>
> **１．人事院規則14-7における「特定の候補者」の意義**
>
> 　国家公務員である被告人が，昭和27年施行の衆議院議員選挙にもしＡが立候補したら当選を得させるという目的で，後援会を結成し，参会者らに対し，饗応接待をしたという事案の上告審において，昭和24年人事院規則14-7「政治的行為」5項1号にいう「特定の候補者」とは，「法令の規定に基く立候補届出または推薦届出により，候補者としての地位を有するに至った特定人」を指すものと解すべきであって，原判決が，「立候補しようとする特定人」もこれに含まれるものと解したのは誤りであるとされた。（最高裁1955〔昭和30〕年3月1日判決）
>
> **２．銃砲刀剣類等所持取締令における「刃渡り15センチメートル以上の刀，ひ首，剣，やり及びなぎなた」の意義**
>
> 　銃砲刀剣類等所持取締令1条（昭和30年法律51号による改正前）にいう，刀，ひ首，剣，やり，なぎなたとは，社会通念上，上のそれぞれの類型にあてはまる形態・実質を備える刃物を指すが，先の少しそった片刃の刃物で，刃渡りは約15.1センチあり，木製の柄がつき，つばはなく革のサックに入り，サックをベルトにつけて腰に下げることができ，通常船員用ナイフまたは登山用ナイフとして使用されているものは，右のいずれにもあたらないと解すべきであるとされた。（最高裁1956〔昭和31〕年4月10日判決）

処罰する集団強姦罪という罪が追加されました。集団強姦罪を設けるきっかけとなった事件は，この犯罪規定が設けられる以前に発生しているので，この事件の行為に集団強姦罪を適用することはできません。

　もうひとつ例をあげましょう。2001（平成13）年の刑法改正によって，危険運転致死傷罪を処罰する規定が追加されました。この罪で処罰されるのも，2001年の改正以後の行為についてだけです。同じような行為でも，改正以前の行為は業務上過失致死傷罪で処罰されることはあっても，危険運転致死傷罪で処罰されることはありません。

　なぜ，このような原則が立てられているのでしょう。それは，人々の自由を保障するためです。どのような行為が犯罪として処罰されるかが，行為の前にわからなければ，人は自分の行為が処罰されるかどうか，予測できないままに行為をしなければなりません。これでは，人はびくびくしながら行為することになり，自由に生活をすることができなくなります。

> **Topic ⑨　類推解釈の禁止が問題になった最近の事例**
>
> いわゆる体感器を使って，パチンコの玉を不正に取得したとして窃盗罪で起訴された事件について，弁護人は，体感器を使用することは窃盗罪の構成要件に該当せず，これに該当するとした高等裁判所の判断は類推解釈の禁止に違反するとして，最高裁判所に上告した。最高裁判所は，体感器を使用すると，本来乱数表に従ってランダムに当たりが出るように調整されているパチンコ機について，不正な方法を用いて当たりの確率を高くすることになるから，窃盗罪の構成要件にあたることに問題はないとして，弁護人の主張を排斥した。(最高裁2007〔平成19〕年4月13日決定)

　罪刑法定主義は，このように，自由主義の原理を基礎にしています。しかし，それだけではありません。犯罪と刑罰を規定するものは，選挙によって選出された議員によって運営される国会で制定された法律でなければなりません。この点で，罪刑法定主義は民主主義の原理も基礎にしていることになります。

類推解釈の禁止　ここから，裁判所が解釈という名で犯罪を創設することは禁止されるという結論が出てきます。近代以前の裁判官は，解釈という名で縦横無尽に新しい犯罪を作り出し，処罰していました。これでは，一応法規定があってもまったくないに等しいことになります。そこで，近代初期の啓蒙思想家，たとえばモンテスキューは，「裁判官は法律の口に過ぎない」として，裁判官による解釈を禁止すべきであると主張したほどです。しかし，すべての解釈を禁止するというのは現実的ではありません。法律に書いてあることを超えた解釈がいけないので，それを禁止するだけで足ります。そこで登場したのが，「**類推解釈の禁止**」という原則です。本来は，AのものをAに適用するということで，Aという言葉の通常の意味に含まれるA′程度にまで解釈を拡張するのはよいが，その範囲を超えたBにまで適用するのは禁止しようというのが，この原則の意味です。要するに，処罰を拡張することに対しては，できるだけ厳格にすべきであるということになります。

2　犯罪と刑罰のバランス

罪に見合った罰　犯罪と刑罰を法定するといっても，どのようにでも規定すればよいということではありません。独立当時のアメリカでは，馬泥棒に死刑を科すという不文律がありました。当時のアメリカにおいては，馬は生活維持のために必要不可欠な交通手段だったために，そのような法慣習ができたわけですが，それにしても馬の命と人間の命を同じに扱うというのは妥当ではありません。後に第三代大統領に就任するトーマス・ジェファソンは，このような法慣習の不合理性を力説したひとりでした。彼は，地元のヴァージニア州での刑法草案を作成して，その名称を「犯罪と刑罰の均衡に関する法律」としました。このように，近代以前の刑法では，犯罪に比較して過当な刑罰が科されることが多かったことから，刑法の近代化にあたっては，犯罪と刑罰の均衡を実現することが大きな目的とされたのです。この点は，現代においても維持されなければならないことはもちろんです。刑罰は犯罪に釣り合ったものでなければならない，これは刑法の大原則です。

目には目を？　注意をする必要があるのは，この場合の「犯罪と刑罰が釣り合う」ということの意味です。この原則が，かつての「目には目を」のような「同害報復」（受けた害に対しては同じ程度の害を返すこと）を意味していると考えるならば，それは大きな間違いです。この原則は，刑罰が犯罪の程度を超えることを禁止しているのであって，必要もないのに，犯罪に釣り合った刑罰を必ず科さなければならないとしているわけではありません。刑罰は，犯罪の程度を上限として，むしろできるだけ必要最低限のところで定められるべきであるというのが，現代における**犯罪と刑罰の均衡原則**の内容です。

3　明確性の原則

白地刑法の禁止　犯罪と刑罰を法律で規定すれば，どのような形でもよいというものではありません。人々が行為の前にどのような行

> ### Topic ⑩ 「明確性の原則」が問題になった事例
>
> **1．福岡県青少年保護育成条例違反事件**
>
> 　福岡県の青少年保護育成条例（いわゆる淫行条例）は，10条1項で「何人も，青少年に対し，淫行又はわいせつの行為をしてはならない。」と規定していた。この規定に違反したとして起訴された被告人は，ここにいう「淫行」というのは，性行為一般を処罰しているように見え，処罰の範囲が不明確で広すぎるとして上告した。最高裁判所の多数意見は，ここにいう「淫行」とは，青少年に対する性行為一般をいうのではなく，「青少年を誘惑し，威迫し，欺罔し又は困惑させる等その心身の未成熟に乗じた不当な手段により行う性交又は性交類似行為のほか，青少年を単に自己の性的欲望を満足させるための対象として扱っているとしか認められないような性交又は性交類似行為をいうものと解するのが相当」だと判断し，このように解釈できるから不明確ではないとした。この多数意見に対して，伊藤正巳らの3裁判官は，明確性の原則に違反するという少数意見を書いている。（最高裁1985〔昭和60〕年10月23日大法廷判決）
>
> **2．徳島市公安条例事件**
>
> 　徳島市公安条例3条3号は，集団行進に警察が道路の使用を許可するにあたって，「交通秩序を維持すること」を条件とし，この条件を守らなかった場合には，刑罰を科すとしていた。被告人らは，徳島市内の道路を集団行進していた際，だ行進したことがこの条件に違反するとして起訴された。この事件の第一審と控訴審は，いずれもこの条例の文言は不明確で憲法31条の趣旨に違反すると判断した。検察官の上告を受けた最高裁判所は，「ある刑罰法規があいまい不明確のゆえに憲法31条に違反するものと認めるべきかどうかは，通常の判断能力を有する一般人の理解において，具体的場合に当該行為がその適用を受けるものかどうかの判断を可能ならしめるような基準が読みとれるかどうかによってこれを決定すべきである」として，結論的には不明確ではないとした。（最高裁1975〔昭和50〕年9月10日大法廷判決）

為が犯罪として処罰されるのかをわかる程度に，具体的に，明確に規定されなければなりません。「罪を犯した者は処罰する」というような規定を設けても，犯罪と刑罰を法定したことになりません。あまりに漠然としていて，どのような行為をどのような刑罰で処罰するのかが，まったくわからないからです。このような刑法を「白地刑法」といいます。

あいまいな条文は無効　「白地刑法」は極端ですが，何を指すかがあいまいな言葉が使われている規定は時々見られます。裁判で問題になった規定の1つに，「淫行」という言葉があります。これは，刑法

❶ 刑法の原則　83

の規定ではなく，福岡県の条例で使われた言葉ですが，青少年に淫行を勧誘する行為を処罰する条文が，あいまいだということで争われました。最高裁判所は結論的にはあいまいではないとしたのですが，意見は分かれました。あまりにもあいまいで処罰範囲が不明確だから，無効な規定だとする少数意見もありました（→ Topic ⑩）。

　このように，あまりに不明確でどのような行為が処罰されるのかわからないとか，処罰される範囲があまりにも広すぎるという場合には，「**明確性の原則**」に反するということで，そのような規定は無効と宣言されます。

❷ 犯罪の成立要件

1　被告人の行為が刑法上の罪にあたること

　本書で取り上げている事件例では，検察官は被告人を刑法199条の殺人罪で起訴しています。刑法199条を見ると，「人を殺した者は，死刑又は無期若しくは5年以上の懲役に処する」とあります。そこで，まず，被告人が「人を殺す」行為をしたかが問題になります。「人を殺す」行為とは，人の命を奪う行為です。この場合，殺人罪にあたるというためには，人の命を「故意」で奪うことが必要です。「故意」とは，罪を犯す意思です。人の命を奪うことを知りながら行為をするとき，故意による殺人行為をしたということになります。もしそのような意思がない場合には，傷害致死罪か過失致死罪の可能性があるだけです。

　事件によっては，被告人が殺害行為をしたかどうかが問題になるものもありますが，ここでの事件例では，被告人が被害者を刺したことは争いがないので，被告人が刑法上の殺人罪の要件とされている「人を殺す」行為をしたこと自体は認めてよいでしょう。

2　被告人の行為によって結果が発生したこと

既遂　　被告人の行為が人を殺す行為にあたるとしても，それですぐに刑法上の殺人罪になるというわけではありません。被告人の行為によって，人の死という結果が発生したと認められなければなりません。刑法上の罪は，何らかの結果が発生したことを必要としています。殺人罪については人の死，窃盗罪では他人の財物の占有移転が必要なのです。このように，犯罪行為の目的となっている結果が発生したことを「**既遂**」といいます。刑法199条が，「人を殺した者」とし，235条が「他人の財物を窃取した者」として

いるのは，殺したとか，窃取したという結果が発生すること，すなわち，殺人や窃盗の既遂を処罰するという趣旨を明らかにしています。

未遂　刑法上の罪にあたる行為が行われても，結果が生じなかったという場合もあります。そうした場合を「未遂」といいます。殺人や強盗，窃盗などの重要な罪については，未遂も処罰されますが，未遂の処罰はあくまでも例外で，刑法に規定がある場合に限られます。たとえば，人が大事にしている壺を壊した場合には，器物損壊罪にあたりますが，壊してやろうと思ったけど，仕損じてしまったときには，器物損壊罪については未遂処罰の規定がありませんから，未遂罪で処罰することはできません。

因果関係　被告人が殺害を目的に一定の行為をして，ターゲットの人が死亡したとします。それでもなお，被告人が殺人罪にあたるとすることができない場合があります。それは，被告人の行為の結果，その人が死んだとは認められない場合です。被告人の行為が原因となって，その人の死という結果が生じたという「因果関係」が認められない限りは，被告人が殺人罪を犯したということはできません。たとえば，被告人が被害者を殺す目的で刺したが，その瞬間に被害者は被告人の行為とは関係なしに脳溢血で死亡したという場合には，被害者の死亡は被告人の行為によって引き起こされたものではありませんから，因果関係が否定され，被告人の行為は殺人未遂にしかあたらないということになります。

犯罪の成立と証明　このように，殺人の「行為」「結果」「因果関係」の3つが備わって，はじめて被告人が殺人罪にあたる行為をしたということになります。本書で取り上げた事件では，殺人罪にあたる行為をしたことまでは被告人も争っていません。それでは，それだけで被告人が刺し殺したという事実を認めてよいのでしょうか。いいえ，よくありません。たとえ被告人が認めていても，事実は証拠によって証明される必要があります。被告人が認めているということは，自白というひとつの証拠にはなりますが，それだけでは事実を認めてはいけないのです。自白を裏打ちする証拠（補強証拠）がなければいけません。裁判員としては，被告人の行為によって被害者の死という結果が発生したことを証明する自白以外の証拠があり，それによって合理

> **Topic ⑪　因果関係が問題になった事例**
>
> 駐留米兵が助手席に同乗者を乗せて運転中，横断歩道を横断中の被害者に気づかず，被害者に自動車を衝突させて，被害者を自動車の屋根の上に跳ね上げたまま運転し，途中で助手席の同乗者が屋根の上に乗っていた被害者の身体をさかさまに引きずりおろし，被害者は道路に転落して死亡した事件で，「右のように同乗者が進行中の自動車の屋根の上から被害者をさかさまに引きずり降ろし，アスファルト舗装道路上に転落させるというがごときことは，経験上，普通，予想しえられるところではなく……このような場合に被告人の前記過失行為から被害者の前記死の結果の発生することが，われわれの経験則上当然予想しえられるところであるとは到底いえない」として，被告人が運転する自動車を被害者に衝突させて重傷を負わせた行為と，被害者の死亡という結果との間には，因果関係がないとした。(最高裁1967〔昭和42〕年10月24日決定)

的な疑いを入れない程度に被告人の行為の結果であることを証明できるかを考えなければならないのです。自白に頼らない証明というのは，非常に大事なことですので，その点にしっかりと注意して事実認定にあたってください。

3　被告人の行為が違法であること

正当防衛　事件例の被告人は，「被害者の行為から身を守るためにやむを得ず被害者を刺した」と主張しています。これは，刑法36条の正当防衛の主張です。

　刑法36条を見てください。そこには，「急迫不正の侵害に対して，自己又は他人の権利を防衛するため，やむを得ずした行為は，罰しない」とあります。これが正当防衛です。ここに「罰しない」とあるのは，違法ではないから処罰しない，すなわち正当防衛だと認められれば，無罪だということです。厳密にいいますと，「正当防衛と認められれば」ということではなく，「正当防衛でないと証明されなければ」ということです。被告人のした行為が違法であることを証明するのは，検察官の責任です。違法であると証明されなければ，その行

為は犯罪ではないということになるのです。正当防衛は**違法性**を否定する事情ですから，正当防衛でないということを証明しないことには，違法であると証明したことにならないのです。この点も刑事事件の証明にとっては，たいへん重要なことです。

正当防衛の成立要件　正当防衛の要件は，刑法36条に書いてあり，それがどういう意味を持つかということは，検察官や弁護人の主張の中で触れられるでしょうし，裁判長の説明もあるでしょう。法律の解釈は裁判官の役割ということになっていますので，裁判員は裁判長が説明した法律の解釈にあてはまる事実が認められるかを判断するわけです。

　しかし，実はここのところは微妙な問題があります。正当防衛についていえば，急迫不正の侵害に対する防衛行為が要件となっています。この場合，急迫というのは，差し迫っていることですが，どの程度が差し迫っていると考えるのか，微妙な場合もあります。また，不正の侵害というのは，通常はそれほど問題になることはないのですが，たとえば，被告人が挑発したために被害者がかっとなって思わず小刀を振りかざした。そこで，被告人はその小刀を奪い取って逆に被害者を刺したという場合，被告人が挑発した事実をどう考えるか，学説は細かく分かれており，その説のいかんで被告人の行為が急迫不正の侵害に対する防衛行為か否かが違ってきます。けんかの事例の場合にも，防衛行為の成立について意見が分かれるところです。

　このように，解釈上の議論が分かれている場合には，裁判員の役割は，裁判官の考える正当防衛にあてはまる事実があったかを判断するだけで，どの立場に立って正当防衛の成否を議論するかについては，判断することはないということになります。しかし，全体として正当防衛にあたるかという議論に際しては，裁判員も意見を述べるべきでしょう。その意味で，事実認定と法律解釈の関係は必ずしも明確に分けられない場合がありますので，裁判所としては，法律解釈と思われる事項についても，裁判員の意見をできるだけ聞くようにする必要があるでしょう。

過剰防衛　正当防衛で最も問題になるのは，一応防衛行為と認められても，防衛の程度を超えていないかという点です。正当防衛は，

いわれのない侵害から身体や財産などを守る行為ですから，侵害と防衛との間に厳密に釣り合いがとれていなくてもよいとされています。しかし，かといってちょっと軽い調子で殴ってきたのに，武器を持って応対し，殺してしまったというような，侵害に対して不必要に重い結果を生じさせるような行為をすることは，防衛の程度を超えた行為として，正当防衛ではなく**過剰防衛**になります。過剰防衛ということになると，違法な行為として処罰されることになります。ただし，刑が免除されるか，あるいは軽くなることはあります（刑法36条2項）。

　問題の事例でも，仮に被告人のいうように，被害者のほうが先に小刀を持ち出したという事実が認められる場合でも，被害者が女性だということを考えると，小刀を取り上げること以上に，被害者を刺すことまで必要だったのか，問題になるところでしょう。侵害の程度，侵害者の状況，これに対する防衛行為者の状況などを慎重に見極める必要があるでしょう。慎重に見極めた上で，被告人の正当防衛の主張を否定し去るだけの事実が認められない場合には，検察官は違法性の立証ができなかったということになります。

|その他の違法性を否定する事情|　違法性が否定される事情には，正当防衛のほか，**緊急避難**，**正当業務行為**，**法令による行為**，**同意**などがあります。緊急避難（刑法37条），正当業務行為（同35条），法令による行為（同条）は刑法で規定されていますが，同意はとくに規定されていません。しかし，たとえば，所有者の同意を得てその人の物を持っていくということが，罪になると考える人はいないでしょう。また，人の家にこっそり入るのは，住居侵入罪にあたりますが，その家の人が「どうぞ」というので入った場合には，罪にはなりません。このように，財産や自由などについては，被害者の同意がある場合には，犯罪は成立しません。傷害については，議論が分かれていますが，相手が殴ってみろというので殴ったというのは，「殴ってみろ」というのが売り言葉に買い言葉的にいったのでない限りは，とくに罪にあたるという必要のない行為でしょう。

　ただし，生命を奪う行為は，たとえ同意に基づく行為でも，同意殺人あるいは嘱託殺人として処罰されます（刑法202条）。この点で問題になるのが，安楽

> **Topic ⑫**　安楽死の有名事件①：名古屋農薬殺害事件
>
> 　被告人の父親が脳溢血で倒れ，永い間身体の自由もまったく利かなくなり，家人の看護をうけていたが，1961（昭和36）年7月初め頃以降容態の悪化とともに身体を動かす度に激痛を訴え，「早く死にたい」「殺してくれ」と大声で口走るのを聞き，またしゃっくりの発作に悶え苦しむ様子を見るにつけ，子として堪えられない気持ちに駆られ，ついに同月10日頃父を病苦から免れさせることこそ，父親に対する最後の孝養であると考え，むしろ同人を殺害しようと決意し，同年8月27日午前5時頃被告人方に配達されていた牛乳びんの中に有機燐殺虫剤E・P・N少量を混入し，同日午前7時30分頃事情を知らない母親をして父親に上記の牛乳を飲ませ，父親を有機燐中毒により死亡させるに至ったという事案。
>
> 　名古屋高裁は，安楽死にあたって違法性が否定されるという弁護人の主張を排斥したが，次のような6要件がすべて充たされれば，安楽死として違法性が否定されるとした。
>
> 　(1) 病者が現代医学の知識と技術からみて不治の病に冒され，しかもその死が目前に迫っていること，(2) 病者の苦痛が甚しく，何人も真にこれを見るに忍びない程度のものなること，(3) もっぱら病者の死苦の緩和の目的でなされたこと，(4) 病者の意識がなお明瞭であって意思を表明できる場合には，本人の真摯な嘱託または承諾のあること，(5) 医師の手によることを本則とし，これによりえない場合には医師によりえないことを認めるに足りる特別な事情があること，(6) その方法が倫理的にも妥当なものとして認容しうるものであること。（名古屋高裁1962〔昭和37〕年12月22日判決）

死です。治療の施しようのない病で，死期が迫っている患者から「苦しくてたまらない。いっそ殺してくれ」と頼まれて殺したという場合には，患者の依頼が心からのものであるならば，安楽死として違法性が否定されると考えられています（→ Topic ⑫・⑬）。

緊急避難　緊急避難とは，たとえば，火事にあって火の被害から逃れるために，隣の家に逃げ込むとか，人を突き飛ばして逃げる行為とか，目前に迫った危難を避けるために，やむを得ず他人の利益を侵害した場合（刑法37条）をいいます。正当防衛と似ていますが，正当防衛が違法な侵害に対する防衛行為であるのに対して，緊急避難は，危難（災難といっていいかもしれません）を引き起こしたもの以外の人の利益を害してその危難から逃れる行為

> **Topic ⑬** 安楽死の有名事件②：東海大学病院安楽死事件
>
> 　東海大学医学部付属病院に大学助手として勤務し，多発性骨髄腫の患者を担当していた被告人が，この患者の家族からの再三にわたる治療中止の申出を入れて，治療を中止し，さらに，なお苦しそうだから死期を早めても楽にしてやってくれという家族の申出をも受け入れて，心臓伝導障害の副作用のある塩化カリウム製剤を注射し，心停止によって被害者を死亡させたという事案。
>
> 　横浜地方裁判所は，治療行為の中止が許容されるための要件として，次のことをあげた。
>
> 　(1) 患者が治癒不可能な病気に冒され，回復の見込みがなく死が避けられない末期状態にあること，(2) 治療行為の中止を求める患者の意思表示がその中止を行う時点で存在すること，(3) どのような措置を何時どの時点で中止するかは，死期の切迫の程度，当該措置の中止による死期への影響の程度等を考慮して，医学的にもはや無意味であるとの適正さを判断し，自然の死を迎えさせるという目的に沿って決定されるべきこと。
>
> 　また，医師により行われる安楽死の要件としては，名古屋高裁の要件（→ Topic ⑫）を少し変えて，[1] 患者が耐えがたい肉体的苦痛に苦しんでいること，[2] 患者の死が避けられず，その死期が迫っていること，[3] 患者の肉体的苦痛を除去・緩和するために方法を尽くし他に代替手段がないこと，[4] 生命の短縮を承諾する患者の明示の意思表示があることの4要件でよいとした。（横浜地裁1995〔平成7〕年3月28日判決）

です。正当防衛が「正」対「不正」であるのに対して，緊急避難は「正」対「正」だといわれるのはそうしたところからです。それだけに，緊急避難については，正当防衛以上に厳しい要件が規定されています。正当防衛は違法な侵害から逃げる必要がありませんが，緊急避難の場合には，他の手段がない場合にだけ許されます。しかも，正当防衛と違って，危難から生じる利益侵害の結果と避難行為から生じる利益侵害結果は，厳密に釣り合っていることを要求されます。財産に対する危難しかないのに，その危難を避けるために人の生命を奪うということは許されません。

可罰的違法性　そのほか，行為によって軽い侵害結果しか生じなかったとか，ほかの法領域では違法と評価される行為でも，刑法では違法とするほどのことがないというような場合には，**可罰的な違法性**がないとして，処罰されないこともあります。明治時代のことですが，タバコの葉を国

Topic ⑭ 可罰的な違法性がないとされた事例

1．一厘事件
「刑罰法は共同生活の条件を規定したる法規にして国家の秩序を維持するを以て唯一の目的とす。果して然らば之を解釈するに当りても亦主として其国に於て発現せる共同生活上の観念を照準とすべく単に物理学上の観念のみに依ることを得ず。而して零細なる反法行為は犯人に危険性ありと認むべき特殊の情況の下に決行せられたるものにあらざる限り共同生活上の観念に於て刑罰の制裁の下に法律の保護を要求すべき法益の侵害と認めざる以上は之に臨むに刑罰法を以てし刑罰の制裁を加ふるの必要なく立法の趣旨も亦此点に存するものと謂はざるを得ず。故に共同生活に危害を及ぼさざる零細なる不法行為を不問に付するは犯罪の検挙に関する問題にあらずして刑罰法の解釈に関する問題に属し之を問はざるを以て立法の精神に適し解釈法の原理に合するものとす」（大審院1910〔明治43〕年10月11日判決）

2．旅館たばこ買い置き事件
旅館業を営む被告人が，宿泊客等から煙草の購入方を依頼されたときに備えて，需要の多い煙草を買入れ，客の依頼の都度その所要個数を取り出して客に交付し，即時または宿泊料支払いの際，定価に相当する額の金銭だけを受け取っていたという事案。上告審において，このような交付または所持は，たばこ専売法制定の趣旨，目的に反するものではなく，社会共同生活の上において許容されるべき行為であるとして，原判決を破棄し，被告人を無罪とした。（最高裁1957〔昭和32〕年3月28日判決）

3．東京中郵事件・都教組事件
教職員組合の幹部である被告人らが，教育委員会の勤務評定に反対し阻止する目的で，組合員らにストライキを行わせるため，集会に参加すべき旨の指令を配布・伝達するなどしてその遂行をあおったとして地方公務員法違反で起訴された事案。最高裁判所は，被告人らの行為は争議行為の原動力・支柱であったとして有罪判決を言い渡した原判決を破棄し，労働基本権の尊重の精神から刑事罰による制裁は極力限定されるべきであり，被告人らの行為は争議行為に通常随伴する行為として刑事罰の対象としての違法性を欠くとして，無罪を言い渡した。（最高裁1969〔昭和44〕年4月2日大法廷判決）

に納める必要のある人が，ほんの少し（当時の金で一厘程度）だけ自分のものにしたということで，タバコ専売法違反の罪で起訴されたことがあります。この事件は当時の最高裁判所である大審院まで争われた結果，大審院はこの程度の軽微な侵害は処罰するほどの違法性がないとして無罪としました（判決文→ Topic ⑭）。

4　被告人の行為について刑事責任を問うことができること

　犯罪となる最後の要件は，責任ということです。被告人が被害者を刺し，それによって被害者が死亡した，被告人の行為は正当防衛その他の違法性を否定する事情にはあたらないということになると，被告人の行為は違法ということになります。しかし，違法だと認められても，責任を問うことができなければ，最終的に，被告人が有罪という判断には到達しません。

故意・過失　刑事責任を問うことができるのは，犯罪行為以外のことができたのに，あえて犯罪行為を選んだという場合です。刃物で刺せば死に至ることがわかっているのに，あえて刃物で刺して死に至らしめたとか，刺すつもりはなかったが，ちょっと考えれば刃物を振り回す行為が危険な行為だということはわかりそうなものなのに，そんなことも考えずに振り回した結果，後ろに立っていた人に当ててけがをさせてしまったといった場合がまず考えられます。前者は，**故意**による行為，後者は**過失**による行為です。刑法では，原則として故意による行為を処罰することになっています。過失による行為は，例外的に，刑法上処罰規定のある場合だけが処罰されます。過失致死傷罪とか，失火罪とかが過失犯の典型です。誤って人の物を持ってきても，過失窃盗罪として処罰されることはありませんし，過失によって人の大事にしている物を壊しても，過失器物損壊罪というのはありません。人は過ちを犯すもので，その過ちをいちいち処罰していたのでは，日常生活がギクシャクします。そこで，よほど重大な利益にかかわる過失だけを処罰しようというのが，刑法の立場です。

　故意には，明確な罪を犯す意思がある場合（**確定的故意**）と，犯罪の結果が発生してもいいや，というくらいの気持ちしかない場合（**未必の故意**）とがあります。自動車運転者がこのまま行くと前を横断している人を轢き殺してしまうと思いながら，それでもいいやとそのまま横断歩道に突っ込んで衝突してしまったという場合には，殺人の未必の故意があるということになります。これに対して，自分の行為の結果をあえて受け入れるという気持ちがなく，相手が避けるだろうとか，ハンドルさばきで何とか最悪の結果が避けられるだろうと

思っていた場合には，未必の故意ではなく「**認識ある過失**」ということで，過失犯ということになります。

錯　誤　　人には，間違いというものがあります。見間違い，仕損ないなど，しようとしていたことと違う結果が出るということがあります。このような場合を「**錯誤**」といいます。罪を犯そうという意思がなく，結果として罪を犯してしまったという場合は，過失犯しか成立しませんから，たとえば，ウサギを撃とうと思って，誤って人を撃ってしまったという場合には，過失致死罪が成立するだけです。しかし，Aという人を殺そうと思って，間違ってBを殺してしまったという場合はどうでしょう。BをAと見間違って殺したという場合には，学説上もBに対する殺人罪を認めることにあまり異論がありません。しかし，Aを殺そうと思って，間違って隣にいたBを殺してしまったという場合には，殺人罪を認める説と過失致死罪を認める説とに分かれています。判例は，人を殺そうと思って，結果として人を殺した以上，目的にした人と違う人が死亡したとしても，殺人罪が成立するとしています。

責任能力　　たとえば，被告人は行為の時に精神を病んでいて，自分のした行為の意味をまったく理解できない状態だったとするならば，そうした人に「刑法に触れないで行為ができたはず」といっても無理な注文です。そこで，行為の時にこのような状態にあった人に責任を問うことはできないということになります。これが**責任能力**の問題です。責任能力がまったくない人のことを「**心神喪失者**」といい，刑法39条1項によって「心神喪失者の行為は，罰しない」とされています。責任能力が完全に喪失しているわけではないが，著しく減退している人は「**心神耗弱者**」で，このような人の行為は，その刑が減軽されます（刑法39条2項）。

精神鑑定　　責任能力の有無は行為の時にどうだったかの判断ですので，法廷に出ている被告人の状態とは必ずしも一致しません。起訴の時点で検察官が責任能力がないと判断すれば，起訴をしないでしょうから，検察官のほうから責任能力について主張が出てくることはまずありませんが，弁護人から責任能力がないという主張が出てくることはしばしばあります。とき

には，弁護人の主張がなくても，裁判所が責任能力に問題があるのではないかと考える場合もあるでしょう。そうした場合には，通常，精神鑑定が命じられます。精神鑑定は，精神科の専門家を鑑定人として選んで，被告人の行為当時の精神状態がどうであったのかを種々のテストを行って判断することです。その結果は，鑑定書として提出されますが，極めて専門的な内容ですので，公判廷で鑑定人が証人として検察官，弁護人の尋問によって証言し，鑑定書の内容をわかりやすく解説することになるでしょう。鑑定人の証言の際には，裁判官から質問することもあります。裁判員の方もわからないことや疑問に思うところは質問することができます。精神鑑定の結果をもとにして，行為当時の精神状態がどうであったかを判断するのは，裁判員の方々ですので，遠慮せずに質問をしたほうがよいでしょう。

5 被告人が複数いるとき

共犯とは 　刑法の各罪は，原則として個人が行為をすることを前提としています。内乱罪とか騒乱罪のように，複数の者がかかわることを想定した集団犯規定もありますが，これは例外です。基本的には，個人責任を問うのが刑法の原則です。しかし，事件には，複数の人がかかわるものがあります。犯罪を1人で行った場合には，それを行った人は「正犯」です。複数の人がかかわって1つの犯罪が行われた場合には，かかわった人は「共犯」と呼ばれます。

共犯の形態 　共犯には，共同で犯罪を実行する「共同正犯」，自らは実行しないで犯罪をそそのかす「教唆（きょうさ）」，犯罪を実行する正犯を助ける「幇助（ほうじょ）（従犯ともいう）」という3つの形式があります。たとえば，AとBとが相談して2人でPを殺したということならば，2人ともに共同正犯として刑法199条の殺人罪の刑が2人に適用されます。AがBにPを殺したらどうだというようにそそのかした場合には，Bは正犯ですが，Aは教唆犯ということになります。教唆犯は正犯に準じて処罰されることになっています。BがPを殺したいと思っているときに，Aは「それならばこのピストルを使え」と

いってBに自分のピストルを貸したならば，Bは正犯でAは幇助ということになります。幇助は，正犯の刑より軽く処罰されることになっています。

共同正犯は，2人以上の者が共同して犯罪を実行することによって成立するのですから，共同正犯者は犯罪の実行行為を一部でも行っているというのが原則です。この原則からは，XとYの2人でAを殺そうと相談して，Xだけが実際にAの殺害を実行したという場合には，Yは共同正犯ではなく，教唆か幇助にしかならないという結論が導かれるはずです。ところが，実務では，このような場合にもYに共同正犯としての責任を認める「**共謀共同正犯**」というものが認められています。有名な練馬事件判決の中で最高裁判所は，次のように述べて，共謀共同正犯を肯定しました。

「共謀共同正犯が成立するには，2人以上の者が，特定の犯罪を行うため，共同意思の下に一体となって互いに他人の行為を利用し，各自の意思を実行に移すことを内容とする謀議をなし，よって犯罪を実行した事実が認められなければならない。したがって右のような関係において共謀に参加した事実が認められる以上，直接実行行為に関与しない者でも，他人の行為をいわば自己の手段として犯罪を行ったという意味において，その間刑責の成立に差異を生ずると解すべき理由はない。」（最高裁1958〔昭和33〕年5月28日大法廷判決）

この共謀共同正犯は非常に便利に使われていますが，共謀があったという事実は厳密に認定されなければなりません。犯罪を共同で実行したと評価できる実態が証拠によって認められなければならないので，安易に共謀共同正犯の成立を認めるべきではありません。

身分犯の共犯　犯罪には，一定の身分を持った者によって犯された場合にしか成立しない身分犯という領域があります。この場合の「身分」には，公務員などの一定の職業とか，銀行での預金窓口業務とかの職業上の役割などのほか，男，女というような性別なども含まれます。たとえば，賄賂を受け取ることによって成立する収賄罪は，公務員が犯罪の主体とされています。問題は，こうした身分犯に身分を持たない人が関与した場合です。収賄罪の例でいえば，国会議員が私設秘書に業者からの賄賂を受け取ることを命じ，実際にその秘書が賄賂を受け取りにいったという場合，私設秘書は公務員

という身分を持たないので、本来ならば収賄罪の主体にはなりません。しかし、刑法は、このような場合には身分のない者も共犯として処罰するとしています（刑法65条1項）。もっとも、学説上は、身分のない者が共同正犯として処罰されるのか、教唆や幇助として処罰されるだけなのかについて意見が分かれています。判例は、共同正犯の成立を認めています。

共犯の錯誤　もうひとつの問題は、共犯の間で錯誤があった場合です。XとYはAを攻撃することを相談し、2人がかりでAを殴る蹴るなどしてAを死亡させたという例を考えてみましょう。この例で、Xは被害者を殺すことを相談したと思っていたのに対して、Yにはそこまでの気持ちはなくけがをさせることを相談したと思っていたというような場合に、Xが殺人罪に問われるのは問題がありません。しかし、Yについてはどうでしょう。Yは傷害の意思しかなかったのですが、実際に相談して実現したのは殺人です。そのような場合、XとY両者ともに殺人罪の共同正犯となるが、Yは傷害致死の限度で処罰されるという考えもありますが、学説の多数と判例は、両者が共同正犯であることは認められるが、Xについては殺人罪、Yについては傷害致死罪という別々の犯罪が成立するとしています。

❸ 犯罪の数え方と刑罰

1　一個の犯罪として認められる場合

　共犯というのは，1つの犯罪に複数の人がかかわっている状態をいいますが，逆に1人の人が複数の犯罪を行うという場合もあります。その場合に，どういう処理をするのかというのが，「**罪数論**」です。犯罪の個数をどう数えるかという問題です。犯罪の個数は，基本的には行為の数を基準としながら犯罪要素を総合的に判断して決まります。通常は，犯罪にあたる行為が一個の場合には一罪と見てよいのですが，暴行・脅迫を手段として財物を奪う強盗罪のように，手段としての暴行・脅迫と結果としての財物奪取の両者ともに，独立して行えばそれぞれ犯罪行為にあたる場合でも，法自体が結合した1つの犯罪（**結合犯**）として規定している場合には，**単純一罪**となります。そのほか，人をだます行為と財物の取得が結合して1つの犯罪を構成している詐欺罪や，基本的犯罪の結果，より重い犯罪を引き起こした傷害致死罪のような**結果的加重犯**も，単純一罪です。

　法条競合と包括一罪　　上の単純一罪のように，刑法自体が一個の罪と規定していない場合でも，行為が2つ以上あって，その一つ一つが罪となる行為であっても，一罪としてカウントしたほうがよい場合もあります。そのような場合には，**法条競合**と**包括一罪**とがあります。

　法条競合とは，一見すると複数の犯罪が成立するように見えるが，それらの論理的関係から一方が成立すれば他方の成立が否定されるという場合をいいます。たとえば，人の物を預かっている人が預けた人に無断でその物を処分した場合に成立する横領罪と業務として人から物を預かっている人が同様の行為をした場合に成立する業務上横領罪とは，一般と特別の関係となり，業務上横領罪が成立すれば，一般的な横領罪が成立する余地はありません。そのほか，盗品を有償または無償で譲り受け，それを運搬し，保管する行為は，別々の人間

が行えば，盗品の譲り受け罪，盗品運搬罪，保管罪という犯罪が成立しますが，同じ人間が同一の盗品について行った場合には，法条競合として一個の犯罪として数えられます。

　複数の犯罪行為があっても包括して一罪と見ることができる場合には，包括一罪として一個の犯罪しか成立しません。たとえば，殺人を計画して銃を購入し，殺害の実行に手をつけ，殺害を遂げたという場合，銃を手に入れる行為は殺人予備罪にあたり，殺人の実行行為を開始した時点では殺人未遂であり，殺害を遂げて殺人罪の既遂になります。段階を区切ってみると，殺人予備罪，殺人未遂罪，殺人罪の3つの犯罪があるように見えます。しかし，最終的には殺人行為に至る連続した一連の行為として見ることができるので，包括して殺人罪一罪だけが成立します。また，Aのバッグを盗んだところ，そのバッグの中にAの所有物以外の物が含まれていたとすれば，Aに対する窃盗罪のほかに，その別の物の所有者に対しても窃盗罪が成立しそうですが，このような場合にも，包括して一罪だけが成立することになります。同一の機会に連続して複数の家に忍び込んで窃盗をしたという場合も，包括して1つの窃盗罪が成立すると考えます。

科刑上一罪　1つの行為で2つ以上の犯罪に同時にあたる場合には，**観念的競合**といって，やはり一罪として，そのうちの最も重い刑によって処断されます（刑法54条1項前段）。たとえば，窃盗犯人が逮捕を免れるために，巡査に暴行を加え，傷害を与えた場合には，職務執行中の巡査に暴行を加えたという点で，公務執行妨害罪にあたり，窃盗犯人が逮捕を免れるために人に暴行を加え，その結果，傷害を与えたという点で，事後強盗致傷罪にあたります。このような場合には，しかし，科刑上は，強盗致傷罪の刑だけで処断されることになります。同様に，他人の住居に無断で侵入して（住居侵入罪）窃盗した（窃盗罪）というように，2つの犯罪の間に，通常，手段と結果の関係が認められる場合（**牽連犯**）にも，科刑上は一罪として最も重い刑（上の例では窃盗罪の刑）によって処断されます。

　観念的競合と牽連犯は，実体的には複数の罪が認められますが，刑罰を科す上で一罪として処理されるので，「科刑上一罪」と呼びます。

2　数罪となる場合

　以上は一罪として処理される場合ですが，そうでない場合には，複数の犯罪として処理されます。複数の犯罪の成立を認めて，刑を科す場合には，単純にそれぞれの罪の刑を合算するのではなく，総合的に判断して適当な刑を選択して科すというのが原則です（刑法45条以下）。このような処理を行う複数の犯罪を「併合罪」といいます。1つの罪について死刑や無期懲役を選択し，別の罪について有期懲役を選択した場合には，死刑や無期懲役だけを科すことになっています（同46条）。併合罪のうちの2つ以上の罪について有期の懲役・禁錮を科す場合には，最も重い罪に定められている刑の長期にその2分の1を加えた刑を長期として刑を科すことになります（同47条本文）。ただし，それぞれの刑の長期を合算した刑を超えることはできません（同条ただし書）。たとえば，殺人罪と窃盗罪の成立が認められ，その両方について有期懲役（殺人罪については5年以上の刑，窃盗罪については10年以下の刑）を選んだとした場合には，殺人罪に定められた5年以上の懲役刑の長期，すなわち20年プラスその2分の1の10年，計30年を長期として刑が科されるということです。ただし，どんなに長くても，30年を超えることはできません（同14条）。

　併合罪として処理されるのは，複数の犯罪行為が同時に審判の対象となる可能性があった場合に限られます。複数の犯罪が同時に起訴された場合とか，ばらばらに起訴され，その一部の犯罪について確定判決があったが，他の犯罪もその確定判決以前に行われていたという場合には，併合罪としての処理になじみます。しかし，確定判決後に行われた犯罪はそれ以前の犯罪とは併合罪となりません。この場合は，単純数罪としてそれぞれに刑が科されます。

3　被告人に科される刑罰とは

加重と減軽　刑を重くする事情としては，上に述べた併合罪加重のほかに，**再犯加重**というのがあります。懲役に処せられた人が，その執行が終わった日または執行の免除を得た日から5年以内に，再び罪を犯した場

合に，その人を有期懲役に処するときは，**再犯**となります（刑法56条）。再犯の刑は，その罪について定められた懲役の長期の2倍以下とすることになっています（同57条）。ただし，30年を超えることができないのは，併合罪のところで述べたのと同様です。

刑を軽くする事情には，**法律上の減軽**と**酌量減軽**があります。法律上の減軽には必ず軽くしなければならない**必要的減軽**と裁判官の裁量によって軽くしてもしなくてもよい**裁量的減軽**があります。必要的減軽の例としては心神耗弱（刑法39条2項）や従犯減軽（同63条），裁量的減軽の例としては過剰防衛（同36条2項）や未遂減軽（同43条本文）があります。

法律上の減軽事情がない場合でも，犯罪の情状に酌量すべきものがあれば，その刑を減軽することができます（同66条）。この酌量減軽は，法律上刑を加重するべきときでも，また，法律上の減軽事情がある場合でも行うことができます（同67条）。ただし，法律上定められた刑（**法定刑**）の最低でもなお重い場合に限られるとされています。

刑の種類　現在の日本の刑法では，独立して言い渡すことのできる刑罰（**主刑**）として，生命を奪う**生命刑**として**死刑**，自由を奪う**自由刑**として**懲役**，**禁錮**，**拘留**，財産を奪う**財産刑**として**罰金**と**科料**が規定されています。これらの主刑のほかに，主刑に付加して科される付加刑として，**没収**と**追徴**があります。

死刑については，別に述べることにして，懲役，禁錮，拘留の区別について説明しておきます。

懲役・禁錮　懲役と禁錮は刑務所に収容して執行するという点では同じですが，懲役は作業を課されるのに対して，禁錮は任意に望む以外には作業を課されません。懲役と禁錮ともに，無期と有期とがあります。無期刑は恩赦によって減刑，免除されない限り，生涯受刑者として自由を拘束されるという点では，終身刑といってよいと思います。10年経過後に地方更生保護委員会が決定すれば，**仮釈放**される可能性はあります（刑法28条）が，最近では，無期懲役受刑者に対する仮釈放は，大変厳しくなっていて，刑の確定後20年を過ぎてもほとんど仮釈放の望みがないという状況です。また，仮釈放され

ても，刑が執行されているという状態には変わりはありません。保護観察に付され，住居の移転，就業等について保護観察官の許可を得なければいけないのです。

　有期の懲役と禁錮は，1月以上20年以下となっています（ただし，併合罪の場合は30年）。有期刑の仮釈放は，刑期の3分の1を経過した時点で可能性が出てきます。この場合の仮釈放期間は，言い渡された刑期（**宣告刑**）が終了するまでです。刑期18年の場合には，6年間は刑務所の中で生活しなければなりません。6年経過後には仮釈放の可能性がありますが，長期刑受刑者の場合には仮釈放が認められるまでには，相当時間がありますから，たとえば10年経過後に仮釈放されたとすると，残りの刑は8年ですので，8年間が仮釈放期間ということになります。仮釈放期間に再度罪を犯したり，仮釈放の際に守るように命じられたことに違反した場合には，仮釈放が取り消され，再び刑務所に収容され，残りの期間を刑務所の中で過ごすことになります。

執行猶予　懲役，禁錮，罰金の言渡しに際しては，執行を猶予することができます。言い渡す刑が3年以下の懲役・禁錮，50万円以下の罰金であり，その言渡しを受ける人が前に禁錮以上の刑に処せられたことがないか，禁錮以上の刑に処せられたことがある場合でも，その刑の執行を終わった日またはその執行の免除の日から5年以内に禁錮以上の刑に処せられていない場合には，情状によって，裁判が確定した日から1年以上5年以下の期間，その刑の執行を猶予することができるのです。すでに一度執行猶予を受けた場合でも，とくに酌量すべき事情があるときには，再度の執行猶予にすることもできます。刑の執行猶予の言渡しが取り消されることなく猶予の期間を過ぎた場合には，刑の言渡しは効力を失います。ただし，その場合でも，刑の言渡しを受けたという過去の事実を量刑の資料にすることは違法ではないとされています（最高裁1958〔昭和33〕年5月1日決定）。

拘留　拘留は，1日以上30日未満，拘留場に拘置して執行します。拘留刑は暴行罪，侮辱罪，公然わいせつ罪など，軽い犯罪に定められています。

刑の重さ　主刑の重さは，死刑を筆頭に，懲役，禁錮，罰金，拘留，科料の順とされています（刑法9条）。懲役と禁錮では，通常は懲役のほうが重いのですが，有期の懲役と無期の禁錮では，禁錮のほうが重く，有期の禁錮の長期（規定された禁錮刑の上限，たとえば，「10年以下の禁錮」という場合の「10年」）が有期の懲役の長期の2倍を超えるときも，禁錮のほうが重い刑となります（同10条1項）。同じ種類の刑相互の間では，自由刑については長期の長いもの，財産刑については多額（規定された財産刑の上限，たとえば，「50万円以下の罰金」という場合の「50万円」）の多いものを重い刑とし，長期や多額が同じ場合には短期（下限の刑期，たとえば，「2年以上の懲役」という場合の「2年」）の長いもの，寡額（下限の額，たとえば「10万円以上の罰金」という場合の「10万円」）の多いものを重い刑とします（同条2項）。これらのすべてが同じ場合には，犯情によって軽いか重いかを決めることになっています（同3項）。

死刑について　かつての日本では，釜ゆでの刑とか鋸（のこぎり）引きの刑，火あぶりの刑，斬首刑などがあり，諸外国では車裂きなどの刑，ギロチンがありました。現在でも，諸外国では銃殺，ガス殺，毒殺など，多様な死刑の方法が用いられています。日本では現行刑法の施行以来，死刑は刑事施設内で絞首によって執行するとされています。死刑を言い渡され，その判決が確定した場合には，死刑執行まで拘置所に拘置されることになっています。この拘置は，自由刑の執行ではないので，刑が確定するまでの未決拘禁と似たものとして扱われています。

死刑と残虐な刑罰の禁止　憲法36条は，「公務員による拷問及び残虐な刑罰は，絶対にこれを禁止する」としています。ここにいう「残虐な刑罰」に死刑があたらないかが，日本の法制度との関係では，第一に問題になります。実際の裁判でも，弁護人は憲法36条違反を主張することがしばしばあります。しかし，最高裁判所は，死刑は残虐な刑罰にあたらないとしています。その代表的なものが1948（昭和23）年3月12日の大法廷判決です。最高裁判所は，死刑が合憲であるとする理由の冒頭に，「生命は尊貴である。一人の生命は，全地球よりも重い。」と生命尊重の精神を掲げた上で，「死刑は，まさにあらゆる刑罰のうちで最も冷厳な刑罰であり，またまことにやむを得ざるに出ず

> **Topic ⑮** 死刑は存続すべきか廃止すべきか
>
> 死刑をめぐっては，これを存続させるべきか否かについて古くから激しい議論が闘わされている。中世・近世では，日本でも諸外国でも刑罰の中心は死刑であったが，自由刑の発達ともに，死刑から自由刑へと刑罰の中心が移り，現在では，死刑を廃止する国が多く見られるようになってきている。ヨーロッパでは死刑廃止条約を締結し，死刑を廃止していない国は欧州評議会のメンバーとして認めないという決定がされている。国連でも死刑廃止条約が決議されている。日本はアメリカ合衆国，中国と並んで，この条約に批准していない少数の国となっている。
>
> 死刑に対する反対論は，以上のような世界の趨勢のほか，次のような点を論拠として主張されている。① 死刑は残虐な刑罰であるから憲法36条により禁止されていること，② 死刑には必ずしも一般予防の効果がないこと，③ 死刑が基礎にしている「目には目を」という応報主義は，近代国家における刑罰思想から駆逐されつつあること，④ 現代の刑罰思想は，教育刑主義であり，社会復帰こそ刑罰の目的であること，⑤ 裁判には常に誤判の可能性があるが，死刑執行後に誤判であることが判明しても，取り返しがつかないことなどである。

る窮極の刑罰である。それは言うまでもなく，尊厳な人間存在の根元である生命そのものを永遠に奪い去るものだからである。」と死刑の究極性を指摘しています。その上で，「まず，憲法第13条においては，すべて国民は個人として尊重せられ，生命に対する国民の権利については，立法その他の国政の上で最大の尊重を必要とする旨を規定している。しかし，同時に同条においては，公共の福祉に反しない限りという厳格な枠をはめているから，もし公共の福祉という基本的原則に反する場合には，生命に対する国民の権利といえども立法上制限乃至剥奪されることを当然予想しているものといわねばならぬ。」とし，さらに，憲法31条をあげて，「これによれば，国民個人の生命の尊貴といえども，法律の定める適正な手続によって，これを奪う刑罰を科せられることが，明かに定められている」ので，「憲法は，現代多数の文化国家におけると同様に，刑罰として死刑の存置を想定し，これを是認したものと解すべきである」としています。これによって，憲法は，第一に，「死刑の威嚇力によって一般予防をなし，死刑の執行によって特殊な社会悪の根元を絶ち，これをもって社

会を防衛せんとしたもの」であり，第二に，「個体に対する人道観の上に全体に対する人道観を優位せしめ，結局社会公共の福祉のために死刑制度の存続の必要性を承認したものと解せられる」としました。

以上のように，死刑の合憲性を認める一方で，「しかし死刑は，冒頭にも述べたようにまさに窮極の刑罰であり，また冷厳な刑罰ではあるが，刑罰としての死刑そのものが，一般に直ちに同条にいわゆる残虐な刑罰に該当するとは考えられない」としており，実質的には時期尚早論と見られる表現をしています。この判決には5人の裁判官の補足意見が付けられていて，その意見も直ちに憲法に違反するというものではなく，時代が変遷すれば，違憲という可能性があることを指摘しています。なお，判決では，死刑が残虐な刑罰にあたる場合として，「その執行の方法等がその時代と環境とにおいて人道上の見地から一般に残虐性を有するものと認められる場合には，勿論これを残虐な刑罰といわねばならぬから，将来若し死刑について火あぶり，はりつけ，さらし首，釜ゆでの刑のごとき残虐な執行方法を定める法律が制定されたとするならば，その法律こそは，まさに憲法第36条に違反するものというべきである」としました。

この大法廷判決から半世紀以上が経ち，国連の決議をはじめ，国際社会は死刑を残している国に対して厳しい目を向けています。こうした状況が生まれてきている今日においては，死刑を存置するのが妥当か否かについて冷静な議論をする必要があります。

4　刑罰の適用にあたって

量刑手続　有罪が決定されると，どの程度の刑罰を科すのが適当かを決めなければなりません。これを量刑手続といいます。すでに述べたように，英米では事実の認定と刑の量定とは手続的に完全に分けられています。日本では，法はそのような手続構成をとることを要請していませんが，裁判員裁判のもとでは，この2つの手続は区分する必要があることはすでに指摘しました。

刑の量定についての基準は，法律にはとくに定められていません。これまでは，検察官が行った求刑を参考にして，裁判官がこれまでの経験に基づき査定するという，いわば経験主義的な方法がとられてきました。裁判所では，これまでの判決で言い渡された刑を集めて表にした量刑表というものを作っているということですが，これも単なる従来の経験を集積したものに過ぎず，基準とするには十分でありません。

　参考としては，検察官が起訴を猶予するときに考慮すべき事情を定めている刑訴法248条があげられます。そこには，「犯人の性格，年齢及び境遇，犯罪の軽重及び情状並びに犯罪後の情状」ということがあげられています。しかし，これは起訴するかどうかの判断の要素をあげているだけで，刑をどれくらいにするかを決定するときの具体的な参考にはなりません。

刑の適用にあたって考慮すべき要素　1972（昭和49）年5月29日に法制審議会総会で決定された後，法案になるまでに至らなかった改正刑法草案48条は，刑の適用の一般基準を規定しています。そこでは，まず，「刑は，責任に応じて量定しなければならない」と，**責任主義**がうたわれています。「責任に応じた量定」というのは，必ず責任の程度に応じて刑を決めなければならないということよりも，責任の程度を超えた刑を科してはいけないことを示していると考えるべきです。責任の程度が言い渡す刑の上限を画するということです。その上で，刑の適用にあたって考慮すべきこととして，「犯人の年齢，性格，軽重及び環境，犯罪の動機，方法，結果及び社会的影響，犯罪後における犯人の態度その他の事情」があげられています。これらの事情を考慮して，「犯罪の抑制及び犯人の改善更生に役立つことを目的としなければならない」としています。犯人の年齢や性格を刑を重くする方向に考慮することは，行為の責任を問う刑法の原則と反しますから，むしろ，こうした事情は刑を軽くする要素と考えるべきでしょう。また，社会的影響や犯罪後の犯人の態度その他の事情というのも，刑を重くする事情として考慮することは問題です。基本的には，犯罪の軽重や行為の動機，方法，結果を中心として刑の範囲を決定し，それに行為者の事情や行為後の事情を刑を軽くする要素として考慮するという思考方法をとるのが妥当だと思われます。

死刑の適用　上の改正刑法草案48条は3項で「死刑の適用は，特に慎重でなければならない」ともしています。死刑の適用については，1983（昭和58）年7月8日の永山事件の最高裁判所第二小法廷判決が一応の基準を示したものとされています。この判決で，最高裁判所は，「死刑制度を存置する現行法制の下では，犯行の罪質，動機，態様ことに殺害の手段方法の執拗性・残虐性，結果の重大性ことに殺害された被害者の数，遺族の被害感情，社会的影響，犯人の年齢，前科，犯行後の情状等各般の情状を併せ考察したとき，その罪責が誠に重大であって，罪刑の均衡の見地からも一般予防の見地からも極刑がやむをえないと認められる場合には，死刑の選択も許されるものといわなければならない」としました。そこにあげられている死刑選択の基準は，上に引用した改正刑法草案48条の刑の適用基準と類似していますが，特徴的なことは，犯罪行為にかかわる事情を中心としながら，「結果の重大性ことに殺害された被害者の数」をあげていることです。この点を形式的に捉えすぎると問題がありますが，被害者が1人の場合には，死刑の適用は最大限に慎重でなければならないことが指摘されていると考えるべきでしょう。

　なお，すでに述べたように，死刑の適用については，裁判官と裁判員全員の一致の評決を要するとすべきです。

Ⅳ 裁判員にとっての刑法（各論）
：裁判員にかかわる犯罪

1 裁判員裁判の対象になる犯罪

　裁判員裁判の対象になる事件は，死刑・無期の懲役・禁錮が規定されている罪にかかる事件，短期1年以上の懲役・禁錮にかかる罪で，故意の犯罪行為により被害者を死亡させた罪にかかる事件，そして，こうした事件と併合して審理される事件です。

原則として，裁判員裁判の対象になる罪　死刑・無期の懲役・禁錮が規定されている罪には，死刑・無期の懲役・禁錮だけが規定されている罪と死刑・無期の懲役・禁錮がそれ以外の刑とともに選択的に規定されている罪とがあります（→**資料⑥**）。

　短期1年以上の懲役・禁錮にかかる罪で，故意の犯罪行為により被害者を死亡させた罪は**資料⑦**のとおりです。

（いずれも，刑法上の罪と特別法上の罪を分けてあげています。）

裁判員裁判対象事件と併合して審理される罪　上にあげた罪にかかわる事件以外は，原則として裁判員裁判の対象外です。しかし，そうした事件でも，裁判員裁判対象事件と併合して審理される場合には，裁判員裁判として審理される可能性があります。

　その意味では，上記以外の罪についても一応のことを知っておく必要がありますが，以下では，裁判員裁判対象犯罪，それも重要なものに限って解説します。

裁判員裁判対象事件の例　2008（平成20）年の統計によると，裁判員裁判対象事件のうち，最も多いのは，強盗致傷（590件）で，以下順に，殺人（543件），現住建造物等放火（234件），強姦致死傷（189件），傷害致死（173件），強制わいせつ致死傷（136件），強盗強姦（125件），覚せい剤取締法違反（106件），強盗致死（86件），偽造通貨行使（36件），通貨偽造（23件），集団強姦致死傷（18件），危険運転致死（17件），麻薬特例法違反（10件），保護責任者遺棄致死（8件），爆発物取締罰則違反（8件），銃砲刀剣類所持等取締法違反（6

資料⑥　死刑・無期の懲役・禁錮が規定されている罪

〈死刑・無期の懲役・禁錮だけが規定されている罪〉

(a)　刑　法　上　の　罪	(b)　特　別　法　上　の　罪
・内乱罪（首謀者）（77条1項1号） ・外患誘致罪（81条） ・汽車転覆等致死罪（126条3項） ・強盗致死罪（240条後段） ・強盗強姦致死罪（241条後段）	・航空機強取等致死罪（航空機の強取等の処罰に関する法律2条） ・人質殺害罪（人質による強要行為等の処罰に関する法律4条）

〈死刑・無期の懲役・禁錮が選択的に規定されている罪〉

(a)　刑　法　上　の　罪	(b)　特　別　法　上　の　罪
・内乱罪（謀議参与者・群集指揮者）（77条1項2号） ・外患援助罪（82条） ・現住建造物等放火罪（108条） ・現住建造物等浸害罪（119条） ・汽車・電車・艦船転覆等罪（126条1項2項） ・往来危険による汽車転覆等罪（127条） ・水道毒物等混入致死罪（146条後段） ・通貨偽造・同行使罪（148条1項） ・詔書偽造・同行使等罪（154条） ・強制わいせつ等致死傷罪（181条） ・殺人罪（199条） ・身代金目的略取等罪（225条の2） ・強盗致傷罪（240条後段） ・強盗強姦罪（241条前段）	・航行中の航空機を墜落させる等の罪（航空の危険を生じさせる行為等の処罰に関する法律2条） ・航空機の強取等（航空機の強取等の処罰に関する法律2条） ・業務中の航空機の破壊等の罪（同法3条） ・爆発物使用罪（爆発物取締罰則1条） ・爆発物使用未遂罪（同法2条） ・営利目的銃砲製造罪（武器等製造法31条） ・加重人質強要罪（人質による強要行為等の処罰に関する法律2条） ・航空機強取人質強要罪（同法3条） ・常習強盗傷人・常習強盗強姦罪（盗犯等ノ防止及処分ニ関スル法律4条） ・営利目的覚せい剤密輸入等の罪（覚せい剤取締法41条2項） ・麻薬等の不法輸入等の罪（麻薬及び向精神薬取締法64条） ・麻薬等の薬物の業として行う不法輸入等の罪（麻薬及び向精神薬取締法等の特例に関する法律5条） ・拳銃等の発射罪（銃砲刀剣類所持等取締法31条） ・営利目的拳銃等の輸入罪（同法31条の2の2項） ・流通食品毒物混入等の罪（流通食品への毒物の混入等の防止に関する特別措置法9条2項） ・生物剤等発散罪（細菌兵器〔生物兵器〕及び毒素兵器の開発等に関する条約等の実施に関する法律9条1項） ・化学兵器使用毒性物質等発散罪（化学兵器の禁止及び特定物質の規制等に関する法律38条1項） ・サリン等発散罪（サリン等による人身被害の防止に関する法律5条1項） ・放射線発散致死罪（放射線を発散させて人の生命等に危険を生じさせる行為等の処罰に関する法律3条1項） ・海賊行為に関する罪（海賊行為の処罰及び海賊行為への対処に関する法律3条1項、4条1項） ・組織的な殺人罪（組織的な犯罪の処罰及び犯罪収益の規制等に関する法律3条1項3号、2項） ・組織的な身代金目的略取等の罪（同法3条1項6号） ・高速自動車国道における往来危険による自動車転覆等致死罪（高速自動車国道法27条2項後段） ・事業用自動車転覆等致死罪（道路運送法101条2項後段）

	・自動車道における往来危険による自動車転覆等致死罪（同法102条，101条2項後段） ・決闘殺人罪（決闘罪に関する件3条，刑法199条） ・一種病原体等発散危険罪（感染症の予防及び感染症の患者に対する医療に関する法律67条1項）

(2011〔平成23〕年3月11日現在)

資料⑦ 短期1年以上の懲役・禁錮にかかる罪で，故意の犯罪行為により被害者を死亡させた罪

(a) 刑 法 上 の 罪	(b) 特 別 法 上 の 罪
・ガス漏出等致死罪（118条2項，205条） ・往来妨害致死罪（124条2項，205条） ・浄水汚染等致死罪（145条，205条） ・特別公務員職権濫用等致死罪（196条，205条） ・傷害致死罪（205条） ・危険運転致死罪（208条の2，205条） ・不同意堕胎致死罪（216条，205条） ・遺棄致死罪（219条，205条） ・逮捕等致死罪（221条，205条） ・建造物等損壊致死罪（260条後段，205条）	・決闘傷害致死罪（決闘罪に関する件3条，刑法205条）

(2011〔平成23〕年3月11日現在)

件），その他（16件）となっています。

2 各犯罪の内容

　刑法上の罪は，通常，国家的法益に対する罪，社会的法益に対する罪，個人的法益に対する罪の3つに分類されます。法律の上の条文の順序では，上のように，国家，社会，個人となっていますが，現在では，むしろ逆に，個人，社会，国家の順で説明するのが普通です。ここでも，その順序で説明することにします。

1　生命に対する罪

殺人罪（刑法199条）

　この罪は，人を殺したことによって成立します。刑罰は，死刑，無期または5年以上の懲役です。

行為客体＝「人」
　生命科学の発達とともに，いわゆるクローン生物が作り出されるようになり，日本では禁じられていますが，現実には，そのうち人間のクローンも作られることになるかもしれません。そのときには，「クローン人間」は殺人罪の被害者となる「人」かということが問題になるでしょう。しかし，今のところは，「人」という生命体が何かということは，常識の範囲内でわかるでしょう。

人の「始期」
　実際上問題になるのは，いつから「人」となり，いつ「人」でなくなるのかということです。「人」としての生命体は生まれてから死ぬまでの間ですから，生まれる以前の「胎児」は「人」ではなく，死んだ後の「死体」も「人」ではないということです。「胎児」もひとつの生命体として，法律上保護される必要がありますが，刑法上は，その生命を奪っても，殺人罪にはあたりません。「胎児」の状態から「人」として生まれてくる過程は，一連の流れですから，厳密には区別が難しいところです。母体と独立に攻撃の対象となる時期で「胎児」と「人」とを区別するというのが，多くの人のとる考え方です。この考え方からは，胎児の体が一部でも外界に出

てくれば，その段階からは攻撃の対象になるということで，その胎児の生命を奪うつもりで一部母体から外界に現れた胎児の体に攻撃を加えれば，殺人行為と評価されることになります。

人の「死期」　「人」は死亡によって「人」から「死体」になります。「人」の死については，心臓死説と脳死説があります。日本では，臓器移植の関係だけは脳死をもって人の死とするになっていますが，その他の場合には，心臓死をもって死としています。そこで，脳死と宣言された人でも人工心肺装置を付けて心臓が活動している以上は，刑法上「人」として扱われますから，そうした人の人工心肺装置を停止させる行為は，殺人罪となります。

行為＝「殺す」　「殺す」というのは，人が死亡することを知りながら，あえて人に対して暴行等を加えて死亡させることです。死亡するだろうと思わずに，結果として死亡させたという場合には，傷害致死罪か過失致死罪が成立することはあっても，殺人罪とはなりません。殺人の手段としては，日本では首を絞めて殺す絞殺が一番多いようです。銃による殺害は日本では少数です。

　たとえば，自動車運転者が過失で歩行者をひいて重傷を負わせた後，そのまま放置すれば死亡するかもしれないが，それでもしょうがないと思って逃走した結果，歩行者は出血多量のため間もなく死亡したという，いわゆるひき逃げは，殺人罪にあたるでしょうか。このような場合にも，殺人罪が成立するという人もいますが，学説の大勢は，単なるひき逃げ行為だけでは殺人罪を成立させるには十分でなく，重傷の被害者を車に乗せて，救助の困難な場所に捨てるなどの行為があってはじめて殺人罪になるとしています。

殺人罪に対する刑罰　2004（平成16）年末の改正によって，殺人罪の法定刑は，「死刑又は無期若しくは3年以上の懲役」から，「死刑又は無期若しくは5年以上の懲役」になりました。殺人罪の刑の下限の3年というのは，執行猶予を言い渡すことのできるぎりぎりの刑でした。そこで，改正前だと，情状酌量をしなくても執行猶予にすることができました。たとえば，改正前の2003（平成15）年に地方裁判所および家庭裁判所で終局的に

処理された刑法犯４万4,278件のうち，殺人罪の件数は779件でした。その処分の内訳は，死刑９人，無期懲役15人，有期懲役742人，無罪４人であり，有期懲役のうち，執行猶予を受けた者は148人，率にして19.9％でした。改正後は，そのままでは執行猶予にすることはできません。情状酌量や特別の減軽事情が認められてはじめて執行猶予に付することができることになりました。

2　身体に対する罪

(a)　傷害致死罪（刑法205条）

　この罪は，人を傷害して，その結果死に至らせた場合に成立します。

行為＝傷害の結果，死亡させる　行為としては，人の身体を傷害することです。殴ったり蹴ったり，叩いたり，刺したりなどして人にけがさせるというのが，典型的な傷害行為です。傷害にとどまっていれば，傷害罪が成立するだけで，裁判員裁判の対象事件にはなりません。

　裁判員裁判の対象となるのは，傷害の結果，人を死亡させるに至った場合です。人を死亡させるという点では，殺人罪と同様ですが，殺人罪の場合には，当初から人の生命を奪おうと思っていることが必要です。これに対して，傷害の気持ちしかなかったが，結果的に被害者が死亡したという場合が，傷害致死です。殺人罪で起訴されたけれども，審理の結果，被告人に殺意が認められないという場合には，傷害致死罪が認定されるということになります。

　判例によると，人を傷つけるつもりがない場合でも，暴行の結果として人の死亡に至ったときには，傷害致死罪が成立します。狭い部屋で口げんかの末，内妻を脅すために日本刀の抜き身を振り回したところ，力が余って抜き身が内妻の腹に突き刺さり死亡させたという事案で，裁判所は傷害致死罪の成立を認めています。

傷害致死罪に対する刑罰　２年以上の有期懲役です。最高は20年となります。結果として死に至らしめたという罪の刑罰は，この罪が基礎になることが多くあります。

> **Topic ⑯　危険運転致死罪にあたるとされた行為**
>
> ① 最高速度が40キロメートル毎時と指定されている左に湾曲し、かつ、降雨のため路面が濡れている道路を、時速約100キロメートルの高速度で普通乗用自動車を走行させたために、運転している自動車を道路の湾曲に応じて進行させることができず、車体を街路灯の支柱に激突させて同乗者を死亡させた行為（旭川地裁2005〔平成17〕年1月31日判決）、② 酒を飲んで前方注視、運転操作が困難となった状態で普通貨物自動車を運転したため、進路左前方のブロック塀に衝突しそうになり、これを避けるため急転把するなどして自車を蛇行させた挙げ句、同町内の道路左端の電柱に自車左前部を衝突させ、よって、助手席に同乗していたＡ（当時24歳）に頭蓋底骨折等の傷害を負わせ、その傷害に起因する脳幹部損傷により同人を死亡させた行為（さいたま地裁2005〔平成17〕年1月26日判決）、③ 自分の進行方向の信号が赤であるのに、これを無視して時速約135キロメートルで交差点に突入し、青信号で入ってきた被害者の車に衝突し、被害者を死亡させた行為（宇都宮地裁2004〔平成16〕年8月3日判決）。この事例では、裁判所は被告人に懲役18年を言い渡した。④ 知人らと飲食店3軒で生ビール1杯と焼酎の水割り10杯程度を飲んだ後、車で帰宅しようとして、仙台育英学園高校生の列に突っ込み、3人が死亡、15人が負傷した事件。この事件で、仙台地裁（2006〔平成18〕年1月23日）は危険運転致死罪の最高刑懲役20年の判決を言い渡し、被告人は控訴せず、判決が確定した。

(b)　危険運転致死罪（刑法208条の2）

この罪は、2001（平成13）年の刑法一部改正によって追加されました。

行為＝危険な運転

行為は、① 酒その他のアルコールまたは薬物の影響によって正常な運転が困難な状態で自動車を走らせたこと、② 自分の運転する自動車の進行をコントロールすることが困難な高速度で、またはその進行をコントロールする技能を持たないで自動車を走らせたこと（以上1項）、③ 人または車の進行を妨害する目的で、走行中の自動車の直前に進入し、その他通行中の人または車に著しく接近し、かつ、重大な交通の危険を生じさせる速度で自動車を運転したこと、④ 赤色信号またはこれに該当する信号をことさらに無視し、かつ、重大な交通の危険を生じさせる速度で自動車を運転したこと（以上2項）です。当初は「四輪以上の」自動車に限定されていましたが、2007（平成19）年の法改正により、オートバイなどの自動

> **Topic ⑰**　名古屋刑務所事件：特別公務員暴行陵虐致死事件
>
> 　特別公務員職権濫用等致死罪は，特別公務員職権濫用罪または特別公務員暴行陵虐罪を犯して，その結果人を死亡させた場合に成立する。最近の事件としては，名古屋刑務所事件が有名。名古屋刑務所の副看守長らは，懲役刑を受けて刑務所に収容されていた人に対して，必要もないのに，その人の肛門部をめがけて消防用ホースで大量の水をかけて，肛門部裂創，直腸裂開の傷害を負わせ，その結果死亡させたとして起訴された。名古屋地方裁判所は，2004（平成16）年3月31日の判決において，上の事実を認めて，名古屋刑務所に勤務する刑務官が上の副看守長を助けて被害者をうつ伏せにし，ズボン等を引きおろすなどの行為をしたことを，特別公務員暴行陵虐致死罪の幇助と認めた。

二輪車の走行・運転にも適用されるようになりました。これらの行為の結果，人を死亡させる事故を起こすと，この罪になります。負傷させただけでも処罰されますが，その場合には裁判員対象事件にはなりません。

　危険運転行為は，これまでは，道路交通法違反の罪として扱われており，その結果，人を死亡させた場合は，業務上過失致死罪として処罰されていました。業務上過失致死罪は，過失による行為ですから，裁判員裁判の対象にはなりません。それに対して，危険運転致死罪は，危険運転行為が故意行為と考えられているので，故意行為によって人の死をもたらす罪として裁判員裁判対象事件となります。

危険運転致死罪に対する刑罰　危険運転致死罪の刑は，1年以上の有期懲役です。有期懲役の最高刑は20年ですから，もし道路交通法違反の罪とあわせて有罪ということになると，刑の上限は30年になります。

(c)　特別公務員職権濫用等致死罪（刑法196条）

　裁判官，検察官あるいは警察官，またはこの人たちの仕事を補助する人が，その職権を濫用して，人を逮捕し，または監禁したときは，特別公務員職権濫用罪として，6月以上10年以下の懲役または禁錮に処せられます。また，このような職務にある人が，その職務を行うにあたって，被告人，被疑者その他の

者に対して暴行を加えたり，人を辱め侮辱するような行為をしたり，あるいは拷問などの残虐な行為をしたときは，特別公務員暴行陵虐罪として7年以下の懲役または禁錮に処せられます。留置場や刑務所などで看守や護送の任務についている人がその拘禁された者に対して同様の行為をしたときも，同じです。

留置場や拘置所に収容されている人に対して，性関係を迫るなどの行為は，陵虐行為です。

(d) 不同意堕胎致死罪（刑法216条）

行為＝堕胎の結果，死亡させる　行為は，女性の嘱託を受けないで，またはその承諾を得ないで堕胎させたことです。その結果，その女性を死亡させたことによって，この罪は成立します。「堕胎」は，自然の分娩期に先立って胎児を母体の外に出す行為です。手段は問いません。薬物による場合もあるでしょうし，手術というような物理的な方法もあります。刑法は，妊娠している女性自身による堕胎行為（自己堕胎）をも処罰することにしていますが，立法論としては自己堕胎を処罰することについては，女性の権利との関係で賛否があります。しかし，妊婦の同意を得ないで行う不同意堕胎の処罰については，異論がありません。妊婦の承諾を得ないで行う堕胎は，胎児の生命を奪う行為であるばかりではなく，妊婦の身体に対する同意のない傷害行為でもあるためです。

不同意堕胎致死罪に対する刑罰　傷害致死罪の刑と比較して重い刑で処罰するということですから，2年以上20年以下の懲役になります。

(e) 遺棄致死罪（刑法219条）

行為＝遺棄の結果，死亡させる　この罪は，遺棄罪や保護責任者遺棄罪を犯した結果，人を死亡させるに至ったことによって成立します。「遺棄」という行為が基本ですが，遺棄罪と保護責任者遺棄罪とでは，その行為の内容に少し違いがあります。遺棄罪は，老年，幼年，身体障害または疾病のために扶助を必要とする者を遺棄したことによって成立するとされています（刑法217条）。「扶助を必要とする者」とは，他人の助けがなければ，自分では日常の生

活ができない人のことをいいます。この場合の「遺棄」は，場所の移動を伴うことが必要です。赤ん坊が道端に捨てられているのを見つけたのに，そのまま助けることをしないで通り過ぎたとか，病人が困っているのを知らない振りしていたというような程度のことでは，この場合の「遺棄」とはなりません。

「保護責任者」遺棄　保護責任者遺棄罪の行為には，2種類あって，第一は，老年者，幼年者，身体障害者または病者を保護する責任のある者がこれらの者を遺棄したことであり，第二は，同様の保護責任者が老年者等の生存に必要な保護をしなかったことです（刑法218条）。単純遺棄罪とは違って，保護責任者遺棄罪の行為者は，保護を必要とする人の保護をする責任のある人です。そこで，場所の移転を必要とする「遺棄」行為だけではなく，置き去りを含むと解されています。また，「保護をしなかった」という不作為も処罰の対象となっています。保護責任者の場合には，病人やひとりでは生存ができない幼い子供を見て知らん振りをしているということは許されないわけです。

遺棄行為と死傷との因果関係　もっとも，遺棄致死罪は，これらの行為の結果，人を死亡させたことによって成立するのであって，これらの行為があったというだけではいけません。つまり，この罪の成立には，遺棄行為と死傷との間に因果関係が肯定されなければならないのです。この場合，とくに困難な問題を生じさせるのが，保護責任者遺棄致死罪における因果関係の成否です。この点について，被告人らによって注射された覚せい剤により錯乱状態に陥った13歳の少女を，医療機関にみせるなどの行為をすることなくホテル客室に放置し，その後その少女が客室で覚せい剤による急性心不全のために死亡したという事案について，被告人らが少女を客室内に放置した行為と少女の死亡との間に因果関係を認めた判例（最高裁1989〔平成1〕年12月15日決定）があります。

遺棄致死罪に対する刑罰　傷害致死の罪に比較して重いほうに従うので，2年以上の有期懲役ということになります。

3　性的自由を侵害する罪

強制わいせつ等致死傷罪（刑法181条）　この罪は，強制わいせつ・強姦の罪またはこれらの罪の未遂罪を犯し，よって人を死傷に至らすことによって成立します。

基本的行為＝強制わいせつ・強姦　この罪の基本的行為は，強制わいせつまたは強姦です。強制わいせつ罪は，13歳以上の男女に対しては，暴行脅迫を用いて抵抗できない状態にしてわいせつな行為をすることであり，また，13歳未満の男女に対しては，暴行脅迫を用いなくても，わいせつな行為をすることだけで成立します。強姦罪は，13歳以上の女性に対して，暴行脅迫を用いて姦淫するか，13歳未満の女性に対しては，単に姦淫することによって成立します。強制わいせつと強姦との区別は，わいせつ行為と姦淫行為との違いです。姦淫は男性の性器を女性の性器に没入することをいい，わいせつ行為は姦淫以外の性的行為をいいます。姦淫をこのように定義すると，姦淫行為を内容とする強姦は，男性によってしかできない犯罪ということになり，身分犯の一種と考えられます。これに対して，その他のわいせつ行為は，男女どちらでも，また男女どちらに対しても行うことができます。強制わいせつ罪は，男性同士でも女性同士でも成立するということです。お尻や胸，性器などに触れるなどの行為がわいせつ行為となります。満員電車の中で身動きできない状態にあるのに乗じて，そのような行為をする痴漢行為は，次に述べる準強制わいせつとなる場合があります。

強制わいせつと強姦の行為には，刑法176条の強制わいせつ罪と177条の強姦罪のほか，準強制わいせつと準強姦があります。強姦罪には，2004（平成16）年末の刑法の一部改正によって，さらに，集団強姦罪が追加されました。

準強制わいせつ・準強姦　準強制わいせつ・準強姦というのは，すでに物事の是非が判断できないとか抵抗不能な状態になっている人に対して，その状態を利用して，または暴行脅迫以外の方法によって物事の是非を判断できない状態その他抵抗ができない状態にして，わいせつ行為や強姦を行うことです。酒によって前後不覚になっている状態とか，催眠術下にあるとか，

> **Topic ⑱** 準強制わいせつと認められた最近の事例
>
> ① 塾長として塾生の指導にあたっていた者が，東京大学医学部を卒業した医者でハーバード大学等に留学するなどして高度かつ先端の研究活動に従事しているなどという嘘を繰り返して塾生らにこれを信じ込ませ，その誤信を利用し，診察・治療行為などといって，女子塾生らにわいせつな行為をした事案（横浜地裁2004〔平成16〕年9月14日判決），② すばらしい先生であると信用して，英語の個人レッスンを受けるため訪ねてきた女子高生に対して，英語の上達につながるリラックス法があると言葉巧みに説き，被告人から渡された服に下着まで脱いで着替えることが，リラックス法のため必要であると誤信させた上で，わいせつな行為をした事案（東京高裁2003〔平成15〕年9月29日判決），③ 警察官を装って女性にわいせつな行為をしようと企て，路上で通行中の女性に対して，「警察の者ですけど。自転車乗りのスナックのママさんが前かごから現金の入ったバッグを盗まれた事件があったんだけど，逃げた犯人は女の人で，白色のスーツ姿で履いている靴やバッグがあなたに似ている。ここは人が通るから中で話をしましょう。」などと話しかけて，女性を近くの駐車場内に連れ込んだ上，「中央警察署で身体検査をする。親に連絡するか，ここで身体検査をするのとどちらがいいか。あなたが盗んだお金を持っていないと身の潔白が証明できたら帰っていい。」などといって，女性に，被告人が警察官であり，警察官が行う正当な身体検査であると誤信させて，背後からブラジャーの中に手を差し入れて乳房をつかみ，パンティーの中に手を差し入れて臀部や陰部を触り，膣の中に手指を挿入するなどしてもてあそんだ事案（鹿児島地裁2002〔平成14〕年1月17日判決）など。

マインド・コントロール状態であるなどの状態を利用することがこれにあたります。

集団強姦罪 　集団強姦罪は，2人以上の者が現場で共同して強姦または準強姦を犯した場合に成立します。大学のクラブのコンパの後で，複数の大学生が泥酔した女性を強姦した行為が問題になって追加された罪です。

親告罪 　強姦罪，強制わいせつ罪，準強姦罪，準強制わいせつ罪は，原則として，被害者またはその親などの法定代理人からの告訴がなければ起訴できない罪（**親告罪**）です。ただし，2人以上の者が現場で共同して行った場合には，集団強姦罪にあたらないときでも，告訴を必要としない

罪（非親告罪）です。これらの行為の結果人を死傷させた場合も，もちろん，非親告罪です。

強制わいせつ等致死傷罪に対する刑罰　2004（平成16）年末の刑法改正以前は，無期または3年以上の有期懲役でしたが，改正によって，強制わいせつ・準強制わいせつ致死傷罪の刑は，従来どおり，無期または3年以上の懲役ですが，強姦・準強姦致死傷罪の刑は，無期または5年以上の懲役に引き上げられ，新設された集団強姦致死傷罪の刑は，無期または6年以上の懲役となりました。

4　身体の自由を侵害する罪

(a)　逮捕・監禁致死罪（刑法221条）

行為＝逮捕・監禁の結果，死亡させる　逮捕・監禁行為によって人を死に至らすことです。前に述べたように，逮捕・監禁は，令状による逮捕・勾留のように，法律によって正当な行為として認められているものがありますが，逮捕・監禁罪として処罰の対象とされるのは，このような正当な理由のない行為です。警察官らの逮捕行為であっても，現行犯人でもないのに令状もなく逮捕したり，不必要に長い勾留等は違法な行為ですから，処罰されるべき逮捕・監禁となります。

逮捕・監禁の手段としての暴行・脅迫によって，死の結果が生じることを必要とします。

逮捕・監禁致死罪の事例　致傷罪の事例ですが，傷害の結果が監禁の機会に行われた暴行によって生じたとしても，その暴行が監禁とは別個の動機目的から行われたときには，監禁致傷罪は成立せず，監禁罪と傷害罪の2つの罪となります（名古屋高裁1956〔昭和32〕年5月31日判決）。監禁致死罪の成立が認められた事例として，精神病者の全身を布団に包み，その上からわら縄とへこ帯で胴，膝などを縛り，さらに麻縄でその両手首，両足首を縛り，なお頭部に布団をかぶせたまま数時間放置して死亡させたというもの（大審院1936〔昭和11〕年4月18日判決）があります。ただし，精神病の妻を自宅炊事場脇の一部を

囲った通風等の極めて劣悪な座敷牢を設けて隔離し凍死するに至らせたという事案につき，目的，手段，方法において社会通念上やむを得ない措置として是認できるとしてこの罪の成立を否定した下級審判例（長崎地裁1966〔昭和41〕年3月2日判決）もあります。緊縛が許される限度を越えて，その結果，被逮捕・監禁者を死亡するに至らせた場合，その程度超過の事実を認識していたときには，この罪の成立が認められますが，その認識がないときは，過失致死罪が成立するだけです（大審院1921〔大正10〕年4月11日判決）。死の結果について認識がある場合には，この罪ではなく殺人罪が成立します（大審院1920〔大正9〕年2月16日判決）。

逮捕・監禁と死亡との因果関係　この罪についても，逮捕・監禁と死亡との間の因果関係が問題となります。判例は，走行中の自動車内に監禁された被害者が脱出のため自動車から飛び降りて死亡した場合であっても，たまたま自動車の車外転落の結果死亡した場合であっても（名古屋高裁1960〔昭和35〕年11月21日判決），また，逃走するため運転台のドアを開けて路上に飛び降り，夢中で駆け出し国道を横断中，折から進行してきた他の自動車に衝突し傷害を受けた場合であっても（東京高裁1967〔昭和42〕年8月30日判決），因果関係を肯定しています。

逮捕・監禁致死罪に対する刑罰　この罪の刑罰も傷害致死の罪に比較して重いほうに従うので，2年以上20年以下の懲役ということになります。

(b) 身代金目的による拐取・身代金要求罪（刑法225条の2）

「拐取罪」　人を誘拐または略取する罪（誘拐の「拐」と略取の「取」をとって，「拐取罪」と総称します）には，未成年者拐取（刑法224条），営利・わいせつ・結婚目的の拐取（同225条）のほか，国外移送・人身売買（同226条）という古い型の罪と，身代金目的拐取（同225条の2）のように新しい型の罪とがあります。身代金目的拐取罪は，1964（昭和39）年の改正（法律114号）によって追加されました。その前年の1963年に，吉展ちゃん事件（→ Topic ⑲）をはじめとして7件もの身代金目的誘拐事件が発生したことを直接の契機としています。それまでは，身代金目的誘拐は営利目的誘拐の一種として処理され

ていました。しかし，身代金目的誘拐は，営利目的誘拐と違って，被害者に危害の加えられるおそれが高いこと，被害者の近親等に与える憂慮心痛がとくに激しいこと，このような心痛を利用して身代金を得ようとする犯人の心情がとくに卑劣であることに加えて，幼児等の場合には，誘拐そのものが容易であり，しかも成功すれば一挙に一攫千金の夢を実現し得ることも１つの理由となって，極めて伝播性が強いことなどから，営利目的誘拐罪とは別個の規定を設ける必要があると考えられたのです。

営利目的誘拐との違い　犯罪のタイプとしては，営利目的誘拐と身代金目的誘拐とはかなり違っています。身代金目的誘拐は，人の自由の拘束や安全に対する脅威を手段とする財産犯としての性格が強いものです。とくに，身代金要求罪は，財産犯そのものといってよいでしょう。事実，戦前の改正刑法仮案は，「窃盗及強盗ノ罪」の章中に，「人ヲ略取シ其釈放ノ代償トシテ財物ヲ得タル者ハ強盗ヲ以テ論ズ」（426条）という規定をもっていましたし，外国立法例中にも身代金目的誘拐を財産犯中に規定するものがあります。

行為＝財物を交付する目的で，人を誘拐・略取する　身代金目的による誘拐・略取罪の行為は，近親者その他略取され，または誘拐された者の安否を憂慮する者の憂慮に乗じてその財物を交付させる目的で，人を略取または誘拐することです。「近親者その他略取され，または誘拐された者の安否を憂慮する者」とは，被害者の安否を親身になって憂慮するのが社会通念上当然であると見られるような特別な関係にある人のことを指し，単なる同情から被害者の安否を気遣うに過ぎない人は含まれないとされています（最高裁1987〔昭和62〕年３月24日決定）。会社の取締役が誘拐された場合の，その会社の幹部は，これにあたります。

　身代金目的拐取罪の基本的行為は，他の拐取罪と同様，人を誘拐または略取することです。「誘拐」とは，だましたり，誘惑したりすることによって他人を自分または第三者の実力支配内に置くことです。甘言によって人をまどわしその判断を誤らせることは誘惑にあたると解されています（大審院1923〔大正12〕年12月３日判決）。子どもの場合には，「お菓子をあげるから一緒においで」

と甘言を使うとか,「家に送ってあげる」とだますというのが,典型でしょう。「略取」とは,暴行または脅迫によって他人を自分または第三者の実力支配内に置くことです。この場合の脅迫は,恐ろしいという気持ちを生じさせる目的をもって他人に害悪を告知する一切の場合を含み,その程度は反抗を抑圧するほど強度なものであることを要しないとされています(広島高裁1955〔昭和30〕年6月16日判決)。被害者を薬でフラフラにさせて連れて行くという行為や,自動車の中に押し込んで疾走するという行為などが「略取」にあたります。「誘拐」と「略取」を併用して誘拐・略取の罪を犯した場合には,1罪として処理されます。

　身代金目的拐取罪の成立のためには,「誘拐」または「略取」行為が「近親その他被拐取者の安否を憂慮する者の憂慮に乗じてその財物を交付させる目的で」行われる必要があります。通常は,被害者を釈放する代償を要求する目的でしょうが,これに限られず,被害者を誘拐し,殺害してから後に,身代金を要求する目的で誘拐する場合も含まれるとされています。

「憂慮に乗じ」る　「憂慮に乗じて」とは,憂慮・心痛を利用してということです。身代金目的拐取罪では,現実に憂慮する者がいるかどうかとか,憂慮を利用したといえるかということは問題にならず,行為者の内心においてそうした目的があればよいとするのが通説です。これに対して,憂慮する者が現実に存在しなくてもよいとすることは,結果発生の危険がなくても処罰するという方向に傾くということで,疑問を呈する見解もあります。私も後の説に賛成です。

身代金の要求　身代金要求罪の行為は,「憂慮する者の憂慮に乗じてその財物を交付させ又はこれを要求する行為」をすることです。この場合には,通説的見解によっても,現実に憂慮を利用して財物を交付させた,あるいは要求したということでなければならないとされています。現実に憂慮する者が存在する必要のあることはもちろん,その憂慮を利用していると客観的に認められなければならないということです。さらに,憂慮を利用した結果,財物を交付したという因果関係が認められることが必要です。要求した相手方がまったく憂慮しなかったとか,憂慮する者とは別人であったというよ

> **Topic ⑲** **吉展ちゃん事件**
> **：身代金目的拐取罪規定制定のきっかけとなった事件**
>
> 1963（昭和38）年3月31日夕方，東京都台東区入谷町（現在の台東区松が谷3丁目）の自宅近くの公園で遊んでいた当時4歳の村越吉展ちゃんがいなくなり，夕方になっても帰ってこないという事件が発生した。2日後，犯人らしき男から50万円の身代金を要求する電話が村越家にかかってきた。その後も，数回犯人らしき男からの電話があった後，男から指定された場所に身代金を置いたが，身代金だけ奪われて犯人には逃げられるなどのミスもあった。吉展ちゃんは帰ってこないし，犯人のめぼしはつかないまま，公開捜査に踏み切られ，その中で，30歳の時計修理工のAが容疑者として浮かび上がった。Aは，営利誘拐，殺人で東京地裁に起訴され，1966（昭和41）年3月17日，東京地裁は，Aに対して死刑を言い渡した。弁護側は控訴，上告と争ったが，1967（昭和42）年10月13日，最高裁判所は上告を棄却し，死刑が確定した。1971（昭和46）年12月23日，Aの死刑が執行された。

うな場合には，要求罪は成立しません。

　もっとも，要求罪は，要求する行為があれば，相手方が要求に応じなくとも成立します。「要求し」ではなく，「要求する行為をし」とあるところから，通説は，要求の意思表示を相手方に発信すれば足り，それが相手方に到達する必要はないとしています。しかし，発信しただけでは，まだ要求行為に着手したに過ぎません。本来は，要求罪の未遂ということでしょうが，それが処罰されない以上，到達するまでは不処罰と考えるべきでしょう。

　なお，拐取罪については，その未遂が処罰されます（刑法228条）。さらに，その予備も処罰されます（同228条の3）。

身代金目的による拐取・身代金要求罪に対する刑罰　無期または3年以上20年以下の懲役です。身代金目的の拐取罪においては，拐取された人の生命が危険にさらされる率が高いところから，拐取された人の生命の安全を守るために，この罪を犯した者が，起訴される前にその人を安全な場所に解放したときは，その刑が減軽されます（刑法228条の2）。一般の自首減免の要件が，「捜査機関に発覚する前」（同42条2項）であるのに対して，ここでは，「公訴が提起される前」となっていることに注意する必要があります。

判例によると,「安全な場所」とは,「被拐取者が安全に救出されると認められる場所を意味するものであり, 解放場所の位置, 状況, 解放の時刻, 方法, 被拐取者をその自宅などに復帰させるため犯人の講じた措置の内容, その他被拐取者の年齢, 知能程度, 健康状態など諸般の要素を考慮して判断しなければならない」のであって, この規定の趣旨からするならば,「安全に救出される」という場合の「安全」の意義も,「余りに狭く解すべきではなく, 被拐取者が近親者及び警察当局などによって救出されるまでの間に, 具体的かつ実質的な危険にさらされるおそれのないことを意味し, 漠然とした抽象的な危険や単なる危惧感を伴うということだけで, ただちに, 安全性に欠けるものがあるとすることはできない」(最高裁1979〔昭和54〕年6月26日決定) とされています。

5　財産に対する罪

(a)　強盗致死傷罪 (刑法240条)

行為＝強盗犯人が, 人を死傷させる　　強盗犯人が, 人を負傷させ, または死亡させることによって, この罪は成立します。強盗とは, 暴行・脅迫を用いて他人の財物を奪取し (刑法236条1項), または財産上不法の利益を得る (同条2項) 行為です。この場合の「暴行・脅迫」はその被害者の反抗が抑圧される程度のものでなければならないとされています。反抗が抑圧される程度の暴行・脅迫と認められた事例は多数ありますが, 包丁, ナイフ, 刀等の刃物類や銃その他の凶器を突きつけるというのが, 典型事例でしょう。その他, 凶器を示さなくても, 殴る・けるなどの暴力的行為によって金品を奪取する, あるいは, 被害者を縛って抵抗できない状況で金品を取るというような行為があります。

「ひったくり」行為　　ひったくりは, 後ろからハンドバックなどをさっと取っていく行為の場合には, 窃盗にしかあたりません。しかし, 奪われまいとするのを無理に取ろうとして, 被害者を転倒させるなどして奪ったという場合には, 強盗にあたるとされています。

その他の強盗罪　強盗罪には，以上のような典型的なもののほか，事後強盗（刑法238条）と昏睡強盗（同239条）があります。事後強盗とは，窃盗犯人が取った金品の取り返しを防ぐ目的とか，逮捕されるのを防止する目的で，あるいは罪跡を隠滅する目的で暴行・脅迫を行った場合に成立する罪です。窃盗行為に着手し，まだ金品を手に入れていない間であれ，すでに金品を手に入れた場合であれ，発見されて暴行・脅迫を行ったというときには，この罪となります。ただし，暴行・脅迫は窃盗の機会継続中に行われる必要がありますから，空き巣が他人の家に忍び込んで金品を盗み，とくに発見されることもなくそこを抜け出した後，30分ほどしてからもう一度同じ家に忍び込もうとしたところを被害者に発見され，逮捕を免れるために暴行を加えたという場合には，まだ2度目の窃盗には着手されていないので窃盗の機会の暴行とはいえません（最高裁2004〔平成16〕年12月10日判決）。

昏睡強盗　昏睡強盗というのは，麻酔薬や睡眠薬などの薬そのほかの暴行・脅迫以外の手段によって被害者を抵抗できない状態にして，金品を奪取する行為です。大量の酒を飲ませて前後不覚にさせるという方法や催眠術を掛けてその間に金品を奪取するなどもあります。すでに前後不覚になっている人から金品を奪うという場合にも，抵抗不能な状態に乗じた行為として，この罪にあたるという考えもありますが，抵抗不能な状態にするという行為と財物の奪取が合わさって強盗罪となるのですから，他の行為によって抵抗不能な状態になっている場合には，たとえその状態を利用しようとしたとしても，この罪にはあたらないと考えるべきでしょう。

　以上のような強盗罪を犯して，その結果死傷するに至らせたというのが，強盗致死傷罪です。

強盗致死傷罪に対する刑罰　強盗致傷については，無期または7年以上の有期懲役（20年以下），強盗致死については，死刑または無期懲役です。なお，盗犯等ノ処罰ニ関スル法律4条は，常習強盗致傷については，無期または10年以上の懲役としています。

(b) 強盗強姦・強盗強姦致死罪（刑法241条）

主体＝強盗犯人　　この罪の主体は，強盗犯人です。強盗犯人には，上の強盗致死傷罪と同様，236条の強盗罪だけではなく，昏睡強盗・事後強盗の犯人も含まれます。

行為＝強盗犯人が女性を強姦する　　強盗強姦罪は，強盗が強盗の機会に，女性を強姦することによって成立し，さらに，その結果，女性を死亡させることによって，強盗強姦致死罪が成立します。強盗犯人が強姦したことによって成立するのであって，強姦犯人が，強姦の際に行われた暴行・脅迫によって抵抗できない状態にある被害者の状態を利用して金品を奪った場合には，強姦罪と強盗罪の2つの罪が成立し，強盗強姦にはあたりません（最高裁1949〔昭和24〕年12月24日判決）。

強盗強姦致死罪は，強盗犯人が強姦をして，その結果死に至らせたことによって成立するので，最初から殺意をもって被害者を死亡させた場合には，この罪ではなく，強盗強姦罪と強盗殺人罪の2つが成立し，それが1つの行為から発生したものであるので，観念的競合として重い強盗殺人罪で処罰されます。

強盗強姦・強盗強姦致死罪に対する刑罰　　強盗強姦については，無期または7年以上の有期懲役，強盗強姦致死については，死刑または無期懲役です。常習強盗強姦は，無期または10年以下の懲役（盗犯等ノ処罰ニ関スル法律4条）です。

6　放火の罪

現住建造物等放火罪（刑法108条）　　この罪は，現実に人が住居に使用しているか，または現実に人がいる建物や汽車，電車，船などに放火して，これらの物を燃やしてしまうことによって成立します。火薬等の激発物を破裂させて，現住建造物等を損壊する行為も，この罪と同様に処罰されます（刑法117条1項）。

「現住」と「非現住」　　放火罪には，これ以外に，非現住建造物等放火罪（刑法109条），建造物等以外放火罪（同110条），延焼罪（同

111条）があります。現住と非現住とで区別しているのは，現に人が住んでいる住居等への放火の場合には，それ自体として不特定多数の人々の生命身体財産などを侵害する危険があると考えられるのに対して，人の住んでいない場所への放火は，その危険が少ないと考えられるからです。非現住建造物等や建造物等以外の物については，それが行為者以外の者が所有する物か，行為者が所有する物かによって，分けられています。放火には財産侵害という要素があるので，自分所有の物か他人に所属する物かを分けて，行為者自身の所有にかかる場合には，その行為によって公共の危険が生じたときにのみ，処罰するという構成をとっています。延焼罪は，自分の所有している非現住建造物等や建造物等以外の物に放火して，現住建造物や他人の所有している非現住建造物等に延焼させたときに成立する罪です。

行為と本罪に対する刑罰　「放火」することが放火罪成立の基本的行為です。いつから放火という行為があったとするのか（放火の着手），いつその行為が完成したのか（既遂）の時期については，議論があります。

刑罰は，死刑，無期，3年以上の有期懲役です。

7　往来妨害の罪

往来妨害致死罪（刑法124条2項）　陸路，水路または橋を損壊し，または閉塞して往来の妨害を生じさせ，その結果人を死亡させることによって成立します。

「陸路」とは，陸上の道路を意味し，鉄道は含まれません。「水路」とは，川とか運河，「橋」は，鉄橋を含みます。こうしたものを壊したり，塞いだりして往来を困難にすることが，往来妨害罪で，往来妨害の結果として人の死を生じさせることによって，この罪が成立します。

往来妨害を犯しただけならば，2年以下の懲役または20万円以下の罰金ですが，その結果，人を死亡させた場合には，傷害致死罪と比較して，重い刑により処断するので，結局，傷害致死罪の2年以上の有期懲役ということになります。

Topic ⑳ 松川事件：東北本線列車転覆致死傷事件

　1949（昭和24）年8月17日午前3時9分，東北本線松川駅と金谷川駅の中間にあたるカーブ地点で，進行中の青森発上野駅行き旅客列車412列車が，突然脱線し，機関車は転覆，連結していた荷物車2両，郵便車1両，客車2両が脱線，大破した。その結果，機関士と機関助士1名は機関車の下敷きになって即死，もう1人の機関助士もまもなく死亡，その他，乗客乗務員10名が軽いけがを負った。この事件で，捜査側は，国鉄予算増額，人員整理反対運動を展開していた国鉄労組福島支部・分会のメンバーと首切り反対闘争を展開していた東芝松川労組のメンバーの共謀による行為として，両労組のメンバー20名を起訴した。

　被告人らは，政治的謀略だとして無罪を主張して争ったが，1950（昭和25）年12月6日，第一審福島地裁は，5人に死刑，5人に無期懲役，1人に懲役15年，3人に懲役12年，2人に懲役10年，3人に懲役7年，1人に3年6月という有罪判決を言い渡した。被告人側の控訴を受けた仙台高裁は，1953（昭和28）年12月22日，3名について無罪を出したが，2つの労組の共同謀議による犯行という基本構造は維持し，死刑4人，無期懲役2人，懲役15年2人，13年1人，10年3人，7年4人，3年6月1人という有罪判決を出した。

　被告人側は上告した。最高裁判所の審理中に，死刑を言い渡された被告人の1人のアリバイを証明するメモ（いわゆる「諏訪メモ」）が発見され，最高裁判所に提出された。その結果，最高裁判所は大法廷を開き，1959（昭和34）年8月10日，有罪判決を破棄し，事件を仙台高裁に差し戻すという判決を言い渡した。

　差戻しを受けた仙台高裁は，1961（昭和36）年4月27日，被告人らに対する有罪判決を破棄して，全員に対して無罪の判決を言い渡した。検察官は上告したが，1963（昭和38）年9月12日，最高裁判所第一小法廷は，検察官の上告を棄却するという判決を言い渡した。これによって，松川事件については，全員の無罪が確定した。

列車転覆現場

> **Topic ㉑　三鷹事件：無人電車暴走事件**
>
> 　1949（昭和24）年7月15日午後9時過ぎ，三鷹電車区構内車庫内1番線に停止中の無人電車が，突然暴走をはじめ，三鷹駅下り1番線に突っ込み，時速60キロメートルを超えるスピードで車止めを突破し，駅構外に飛び出し脱線転覆した。これによって，付近にいた人たち6名が死亡，2名が負傷した。検察官は，国労三鷹電車区分会の組合員らの共謀による犯行として10名を，「電車往来危険，同転覆，同致死罪」で起訴した。

汽車・電車・艦船転覆等・同致死罪（刑法126条）　基本行為は，現に人がいる汽車または電車を転覆させ，または破壊したこと，現に人がいる艦船を転覆させ，沈没させ，または破壊したことであり，これらの行為の結果，人を死亡させたことによって致死罪となります。

　かつて，汽車，電車の中に「ガソリンカー」が含まれるかが問題になった事件があり，裁判所は，ガソリンカーも含まれるとしました。これに対して，学説上は，汽車，電車というのは軌道を走るものが想定されているので，軌道上を走らないガソリンカーを汽車・電車に含める解釈は，通常考えられる意味の範囲をはみ出す解釈（類推解釈）であり，罪刑法定主義違反と考える見解が多数です。

　汽車等転覆等の罪の刑罰は，無期または3年以上の懲役で，その致死罪は，死刑または無期懲役です。

往来危険による汽車転覆等罪（刑法127条）　鉄道もしくはその標識を損壊し，またはその他の方法により，汽車または電車の往来の危険を生じさせた者は，2年以上の有期懲役に処せられます。灯台もしくは浮標を損壊し，またはその他の方法により，艦船の往来の危険を生じさせた者も，同様です（刑法125条）。

　上の罪を犯し，その結果汽車もしくは電車を転覆させ，もしくは破壊し，または艦船を転覆させ，沈没させ，もしくは破壊した者は，汽車等の転覆等にとどまった場合には，刑法126条1項・2項によって無期または3年以上の懲役

となります。さらにその結果，人を死亡させたという場合にも，126条3項と同様に，死刑または無期懲役の刑が適用されるかが問題になったのが，三鷹事件（→ Topic ㉑）です。これは，127条にある「前条の例による」という言葉の解釈問題です。

8 飲料水に関する罪

浄水汚染等致死罪（刑法145条） 基本行為は，第一が，浄水汚染（刑法142条）で，人の飲料に供する浄水を汚染し，よって使用することができないようにすることで，6月以下の懲役または10万円以下の罰金が科される行為です。第二が，水道汚染（同143条）で，水道により公衆に供給する飲料の浄水またはその水源を汚染し，よって使用することができないようにすることで，6月以上7年以下の懲役に処せられる行為です。第三が，浄水毒物等混入（同144条）で，人の飲料に供する浄水に毒物その他人の健康を害すべき物を混入することで，3年以下の懲役に処せられる行為です。

浄水汚染等致死傷罪は，これら3つの罪を犯し，その結果，人を死傷させることによって成立します。このうち，人の死を生じさせた場合だけが裁判員裁判の対象になります。

刑罰は，他の致死罪と同様，傷害の罪と比較して，重い刑によって処断することになっています。傷害致死罪の刑と比較して重いほうの刑が適用されますので，結局，傷害致死罪の2年以上の有期懲役ということになります。

水道毒物等混入致死罪（刑法146条後段） 基本行為は，水道毒物等混入行為で，水道により公衆に供給する飲料の浄水またはその水源に毒物その他人の健康を害すべき物を混入する行為で，2年以上の有期懲役に処せられる行為です。この罪の致死罪が裁判員裁判対象になります。

死刑，無期または5年以上の懲役がこの罪の刑罰です。

> **Topic ㉒ 「ハイ・ジャック」の語源**
>
> 高いところを飛んでいる航空機を奪うから，「ハイ（high）・ジャック」だと思われており，船舶の強取は，これに合わせて「シー・ジャック」などと呼ばれている。しかし，実はこの場合の「ハイ」はそういう意味ではないようである。トラック強盗が，疾走するトラックを止めるために，「おおい，ジャック！」つまり，「Hey! Jack!」と呼びかけたところから来ているとされている。ちなみに，英米では，「ジャック」という名前は，日本での「一郎」や「太郎」のように，ごく一般的なものだというところから，こうした現象が起きたのだろう。

9　通貨偽造の罪

通貨偽造行使等罪（刑法148条1項）　行為の第一は，行使の目的で，通用する貨幣，紙幣または銀行券を偽造し，または変造すること（通貨偽造罪）で，第二は，偽造・変造された貨幣，紙幣または銀行券を行使し，または行使の目的で人に交付し，もしくは輸入すること（偽造通貨行使等の罪）です。通貨偽造罪は，無期懲役刑も言い渡されるほどの重大な罪とされています。これは，通貨の偽造が取引の安全を害する程度が高いということもありますが，国家の通貨発行権を侵害するという点で重大視されてきた結果です。

「偽造」と「変造」　「偽造」とは，通貨を発行する権限がない者が，本物の通貨であるような外観を呈する偽物を作り出すことであり，「変造」とは，本物の通貨に加工して，通貨のような外観を持つ物を作り出すことです。加工するといっても，本物を素材にしてまったく別の物を作った場合には，「変造」ではなく「偽造」です。たとえば，50円玉を材料にして500円玉を作り出すなどは，「偽造」です。「偽造」と「変造」とは区別が難しいところがありますが，同一条文に規定されていて，罪質も同じで法定刑も同じですから，この点の区別をする実益はあまりありません。

刑罰は，無期または3年以上の懲役です。

10　ハイジャック関連の罪

　ハイジャック関連の罪には，航空機の強取等・同致死罪，航空中の航空機を墜落させる等の罪，業務中の航空機の破壊等の罪，人質による強要罪などがあります。このうち，**人質による強要罪**について，少し説明しておきましょう。

人質による強要罪　人質による強要行為等の処罰に関する法律1条1項に規定されているこの罪の基本行為は，人を逮捕し，または監禁し，これを人質にして，第三者に対し，義務のない行為をすることまたは権利を行わないことを要求すること（人質による強要罪・6月以上10年以下の懲役）です。この行為を2人以上共同して，かつ凶器を示して行った場合には，加重人質強要罪（同2条）となり，裁判員裁判の対象事件となります。航空機の強取等の罪を犯した者が，その航空機内にいる者を人質にして強要した場合には，さらに重い航空機強取人質強要罪（同3条）になります。

　加重人質強要罪の刑罰は，無期または5年以上の懲役，航空機強取人質強要罪の刑罰は，無期または10年以上の懲役です。以上の罪を犯した者が人質を殺害したときは，死刑または無期懲役となります（同4条）。

11　その他の特別法上の罪

　その他特別法上には，**銃砲，爆発物関連犯罪**と**麻薬・薬物関連犯罪**があります。これらについては，条文を以下にあげておきます。

爆発物使用・同未遂罪　爆発物取締罰則第1条　「治安ヲ妨ケ又ハ人ノ身体財産ヲ害セントスルノ目的ヲ以テ爆発物ヲ使用シタル者及ヒ人ヲシテ之ヲ使用セシメタル者ハ死刑又ハ無期若クハ七年以上ノ懲役又ハ禁錮ニ処ス」

　第2条　「前条ノ目的ヲ以テ爆発物ヲ使用セントスルノ際発覚シタル者ハ無期若クハ五年以上ノ懲役又ハ禁錮ニ処ス」

営利目的銃砲製造罪　武器等製造法31条　「第4条の規定に違反して銃砲を製造した者は，3年以上の有期懲役に処する。

2項　営利の目的で前項の違反行為をした者は，無期若しくは5年以上の有期懲役又は無期若しくは5年以上の有期懲役及び3000万円以下の罰金に処する。

3項　前2項の未遂罪は，罰する」

拳銃等の発射　銃砲刀剣類所持等取締法3条の13　「何人も，道路，公園，駅，劇場，百貨店その他の不特定若しくは多数の者の用に供される場所若しくは電車，乗合自動車その他の不特定若しくは多数の者の用に供される乗物に向かって，又はこれらの場所（銃砲で射撃を行う施設（以下「射撃場」という。）であって内閣府令で定めるものを除く。）若しくはこれらの乗物においてけん銃等を発射してはならない。ただし，法令に基づき職務のためけん銃等を所持する者がその職務を遂行するに当たって当該けん銃等を発射する場合は，この限りでない。」

同法31条　「第3条の13の規定に違反した者は，無期又は3年以上の有期懲役に処する。

2項　前項の違反行為が，団体（共同の目的を有する多数人の継続的結合体であって，その目的又は意思を実現する行為の全部又は一部が組織（指揮命令に基づき，あらかじめ定められた任務の分担に従って構成員が一体として行動する人の結合体をいう。以下この項及び第31条の3第3項において同じ。）により反復して行われるものをいう。以下この条において同じ。）の活動（団体の意思決定に基づく行為であって，その効果又はこれによる利益が当該団体に帰属するものをいう。第31条の3第3項において同じ。）として，当該違反行為を実行するための組織により行われたときは，当該違反行為をした者は，無期若しくは5年以上の有期懲役又は無期若しくは5年以上の有期懲役及び3000万円以下の罰金に処する。

3項　団体に不正権益（団体の威力に基づく一定の地域又は分野における支配力であって，当該団体の構成員による犯罪その他の不正な行為により当該団体又はその構成員が継続的に利益を得ることを容易にすべきものをいう。以下この項において同じ。）を得させ，又は団体の不正権益を維持し，若しくは拡大する目的で，第1項の違反行為をした者も，前項と同様とする。」

営利目的拳銃等の輸入　銃砲刀剣類所持等取締法3条の4（輸入の禁止）
「何人も，次の各号のいずれかに該当する場合を除いては，けん銃，小銃，機関銃又は砲（以下「けん銃等」という。）を輸入してはならない。

1号　国又は地方公共団体が第3条第1項第1号又は第2号の所持に供するため必要なけん銃等を輸入する場合

2号　国又は地方公共団体から前号のけん銃等の輸入の委託を受けた者が委託に係るけん銃等を輸入する場合

3号　第4条第1項第3号又は第4号の規定によりけん銃等の所持の許可を受けた者が許可に係るけん銃等を輸入する場合

4号　前号に規定する者から許可に係るけん銃等の輸入の委託を受けた者が委託に係るけん銃等を輸入する場合

5号　第6条第1項の規定によりけん銃等の所持の許可を受けた者が許可に係るけん銃等を輸入する場合」

同法31条の2　「第3条の4の規定に違反した者は，3年以上の有期懲役に処する。

2項　営利の目的で前項の違反行為をした者は，無期若しくは5年以上の有期懲役又は無期若しくは5年以上の有期懲役及び3000万円以下の罰金に処する。

3項　前2項の未遂罪は，罰する。」

営利目的覚せい剤密輸入等の罪　覚せい剤取締法41条2項「覚せい剤を，みだりに，本邦若しくは外国に輸入し，本邦若しくは外国から輸出し，又は製造した者（第41条の5第1項第2号に該当する者を除く。）は，1年以上の有期懲役に処する。

2項　営利の目的で前項の罪を犯した者は，無期若しくは3年以上の懲役に処し，又は情状により無期若しくは3年以上の懲役及び1000万円以下の罰金に処する」

麻薬等の営利目的不法輸入等の罪　基本行為は，いわゆるモルヒネ（ジアセチルモルヒネ）等を，勝手に，日本国や外国に輸入し，日本国や外国から

輸出し，または製造する行為（1年以上の有期懲役）です（麻薬及び向精神薬取締法64条）。これを営利の目的で行った場合には，無期もしくは3年以上の懲役，情状によってはこうした刑に加えて1000万円以下の罰金が科されることになっています。この罪の未遂罪も処罰されます。

麻薬等の薬物の業として行う不法輸入等の罪　モルヒネ等の不法輸出入や大麻等の栽培等の行為を業として行った者は，無期または5年以上の懲役および1000万円以下の罰金に処せられます（麻薬及び向精神薬取締法等の特例に関する法律5条）。

刑事裁判のこれから：あなたの参加が刑事裁判をどう変えるか？

裁判員裁判への不安

　裁判員になることへの不安や裁判員裁判への危惧が語られています。少し時期尚早ではなかったのかという声もあります。新しい制度を実施する際には，常にある声ということもできますが，無視してよいものばかりではありません。ただし，どのような制度にも完全ということはありません。多少の問題点は，実施をする中で改善していく以外にないでしょう。

　陪審制を良しとしていた人の中には，裁判員制度は改悪であるとして強力に反対を唱えている人もいます。もともとは私も陪審制論者であり，陪審制にならなかったのは残念だと思っていますが，かといって，裁判員裁判が従来の官僚裁判官だけの裁判よりも悪い制度だとして頭から反対する態度はとっていません。

市民の役割

　裁判員裁判を良い制度にするのも悪い制度にするのも，市民のみなさん次第ですし，裁判員裁判にかかわる司法関係者次第，また，それを取り巻く報道姿勢次第です。アメリカの現在の政治状況は，「悪しきポピュリズム」に支配されていると批判する議論があります。国民の意思が直接的に政治に反映するシステムをとっているために，良くも悪くもその動向が直接政治の動向を決定するというのです。国民の意思は，常に良い方向に向かうだけではなく，ときには悪い方向にも向かいます。そうしたときには，これをチェックする機能が働かないと，事態は悪化の一途を辿ります。アメリカのような国においては，国民自身の中から，その向かう方向に対して批判的な意見が出て，ブレーキがかかることが期待されてきました。

　「日本は，官僚制度が発達しているので，これがクッションになって国民の意思の直接的な反映によって，状況が大きく左右されることなく進んできた」と，アメリカの状況に批判的な人はいいます。この議論からすれば，現在の日

本では，官僚制度が少しぐらついているので，クッションの役割を十分に働かし得ず，アメリカ的な「ポピュリズム」の支配する国になりつつあるということになるでしょう。裁判員制度もその一環だということでしょうか。

しかし，実は，裁判員制度は，官僚制度が機能した結果，裁判官と裁判員との混合した制度になったと見ることもできます。この両者がそれぞれの役割をうまく分担して働けば，単純なポピュリズム支配の司法にならなくてすむでしょう。陪審制度は，裁判官と陪審員の役割を明確に分離しているのに対して，裁判員制度は，裁判員が量刑にまでかかわるということで，役割分担が必ずしも明確ではない，その点が，この制度に対する批判の根幹にあります。私も，その点に危惧を感じているのですが，危惧は単なる危惧で終わるかもしれません。制度が発足しようとする時に，単なる危惧だけで制度を評価することはできません。参加する裁判員の方々にも，裁判官にも，裁判にかかわる中で，しっかりとそれぞれの役割を果たすであろうということを期待する以外にありません。

官僚裁判官制度の変化への期待

これまで，官僚裁判官制度に対する批判がありました。また，現在の官僚裁判官システムを維持したまま，裁判員が審理に参加することに対する批判もあります。裁判官の意見に左右されてしまうというのです。しかし，これも参加の悪い面を強調しすぎではないでしょうか。法律家の中から展開されるこのような批判の根底には，市民蔑視の気持ちがあるように思われます。

従来の官僚裁判官のあり方を批判をする者は，裁判員の参加によって裁判官が変わるであろうことに期待してもよいはずです。市民の意見を聞くことによって悪しき官僚主義が矯正される，これが司法の市民参加に期待されることです。裁判員制度がその期待に反するとだれが断定することができるのでしょう。むしろ私は，裁判員は刑事裁判を変える大きな力となると信じています。

弁護人・検察官の変化と弁護人の役割

裁判官だけではありません。裁判員の参加によって弁護人も検察官も変わるでしょう。今後は，わかりにくい法律用語のやり取りでわかったような気になって裁判をするということはできなくなります。弁護人や検察官は，「同じ法

律家仲間」という仲間意識の中で行われてきた裁判から，異質の人たちが加わる裁判に変わることに，多分のおそれを感じています。それが制度批判という形で表われているという見方もできます。裁判員の参加は，こうした仲間意識では裁判はできないことを知らしめてくれるでしょう。

　なかでも，弁護人の役割は重要です。この制度をうまく機能させるか否かは，結局のところ，弁護人の役割いかんにかかっているといっても過言ではないと思います。弁護人は説得の対象が裁判官だけだったのが，裁判員にも広がったということで大変になったことは間違いがありません。しかし，弁護人がしっかりとした市民意識を持っているならば，裁判官よりも裁判員を説得するほうが容易なはずです。

「しっかりとした市民意識」

　もちろん，「しっかりとした市民意識」を身に付けるということ自体が，必ずしも容易なことではありません。しかし，裁判員の参加という事態によって，そのような意識さえあれば，だんだんと身に付いていくはずです。法律家も市民も，「悪しきポピュリズム」ではなく，「しっかりとした市民意識」のもとで裁判をするならば，裁判員制度は刑事裁判を大きく変えることになるでしょう。

参考文献

◆ 裁判員制度をわかりやすく解説した文献

久保内統(原作)・藤山成二(画)『あなたも裁判員——漫画で読む裁判員制度』(日本評論社,〔初版〕:2003年,〔第2版〕:2007年)

四宮啓・西村健・工藤美香『もしも裁判員に選ばれたら——裁判員ハンドブック』(花伝社,2005年)

毛利甚八(原作)・幡地英明(画)『裁判員になりました——疑惑と真実との間で』(日本弁護士連合会監修/発行,2007年)

河津博史・池永知樹・鍛治伸明・宮村啓太『ガイドブック裁判員制度』(法学書院,2006年)

裁判員制度研究会『裁判員制度ってなあに?』(汐文社,2007年)

読売新聞社会部裁判員制度取材班『これ一冊で裁判員制度がわかる』(中央公論新社,2008年)

◆ 少し専門的な裁判員に関する文献

池田修『解説裁判員法』(弘文堂,2005年)

後藤昭・四宮啓・西村健・工藤美香 編著『実務家のための裁判員法入門』(現代人文社,2004年)

鯰越溢弘『裁判員制度と国民の司法参加』(現代人文社,2004年)

五十嵐二葉『説示なしでは裁判員制度は成功しない』(現代人文社,2007年)

◆ 陪審員制度についての文献

『復刻版 陪審手引——附法廷参与日誌』大日本陪審協会(現代人文社,1999年)(巻末に陪審裁判に関する基本文献が紹介されている。)

参考条文

【裁判員の参加する刑事裁判に関する法律】(抄)
(平成16年5月28日法律第63号)
最終改正:平成19年11月30日法律第124号

(趣旨)
第1条 この法律は,国民の中から選任された裁判員が裁判官と共に刑事訴訟手続に関与することが司法に対する国民の理解の増進とその信頼の向上に資することにかんがみ,裁判員の参加する刑事裁判に関し,裁判所法(昭和22年法律第59号)及び刑事訴訟法(昭和23年法律第131号)の特則その他の必要な事項を定めるものとする。

(対象事件及び合議体の構成)
第2条 地方裁判所は,次に掲げる事件については,次条の決定があった場合を除き,この法律の定めるところにより裁判員の参加する合議体が構成された後は,裁判所法第26条の規定にかかわらず,裁判員の参加する合議体でこれを取り扱う。
　1号 死刑又は無期の懲役若しくは禁錮に当たる罪に係る事件
　2号 裁判所法第26条第2項第2号に掲げる事件であって,故意の犯罪行為により被害者を死亡させた罪に係るもの(前号に該当するものを除く。)
②項 前項の合議体の裁判官の員数は3人,裁判員の員数は6人とし,裁判官のうち1人を裁判長とする。ただし,次項の決定があったときは,裁判官の員数は1人,裁判員の員数は4人とし,裁判官を裁判長とする。
③項 第1項の規定により同項の合議体で取り扱うべき事件(以下「対象事件」という。)のうち,公判前整理手続による争点及び証拠の整理において公訴事実について争いがないと認められ,事件の内容その他の事情を考慮して適当と認められるものについては,裁判所は,裁判官1人及び裁判員4人から成る合議体を構成して審理及び裁判をする旨の決定をすることができる。
④項 裁判所は,前項の決定をするには,公判前整理手続において,検察官,被告人及び弁護人に異議のないことを確認しなければならない。
⑤項 第3項の決定は,第27条第1項に規定する裁判員等選任手続の期日までにしなければならない。
⑥項 地方裁判所は,第3項の決定があったときは,裁判所法第26条第2項の規定にかかわらず,当該決定の時から第3項に規定する合議体が構成されるまでの間,1人の裁判官で事件を取り扱う。
⑦項 裁判所は,被告人の主張,審理の状況その他の事情を考慮して,事件を第3項に規定する合議体で取り扱うことが適当でないと認めたときは,決定で,同項の決定を取り消すことができる。

(対象事件からの除外)
第3条 地方裁判所は,前条第1項各号に掲げる事件について,被告人の言動,被告人がその構成員である団体の主張若しくは当該団体の他の構成員の言動又は現に裁判員候補者若しくは裁判員に対する加害若しくはその告知が行われたことその他の事情により,裁判員候補者,裁判員若しくは裁判員であった者若しくはその親族若しくはこれに準ずる者の生命,身体若しくは財産に危害が加えられるおそれ又はこれらの者の生活の平穏が著しく侵害されるおそれがあり,そのため裁判員候補者又は裁判員が畏怖し,裁判員候補者の出頭を確保することが困難な状況にあり又は裁判員の職務の遂行ができずこれに代わる裁判

員の選任も困難であると認めるときは，検察官，被告人若しくは弁護人の請求により又は職権で，これを裁判官の合議体で取り扱う決定をしなければならない。
②項　前項の決定又は同項の請求を却下する決定は，合議体でしなければならない。ただし，当該前条第1項各号に掲げる事件の審判に関与している裁判官は，その決定に関与することはできない。
③項　第1項の決定又は同項の請求を却下する決定をするには，最高裁判所規則で定めるところにより，あらかじめ，検察官及び被告人又は弁護人の意見を聴かなければならない。
④項　前条第1項の合議体が構成された後は，職権で第1項の決定をするには，あらかじめ，当該合議体の裁判長の意見を聴かなければならない。
⑤項　刑事訴訟法第43条第3項及び第4項並びに第44条第1項の規定は，第1項の決定及び同項の請求を却下する決定について準用する。
⑥項　第1項の決定又は同項の請求を却下する決定に対しては，即時抗告をすることができる。この場合においては，即時抗告に関する刑事訴訟法の規定を準用する。

（弁論を併合する事件の取扱い）
第4条　裁判所は，対象事件以外の事件であって，その弁論を対象事件の弁論と併合することが適当と認められるものについては，決定で，これを第2条第1項の合議体で取り扱うことができる。
②項　裁判所は，前項の決定をした場合には，刑事訴訟法の規定により，同項の決定に係る事件の弁論と対象事件の弁論とを併合しなければならない。

（裁判官及び裁判員の権限）
第6条　第2条第1項の合議体で事件を取り扱う場合において，刑事訴訟法第333条の規定による刑の言渡しの判決，同法第334条の規定による刑の免除の判決若しくは同法第336条の規定による無罪の判決又は少年法（昭和23年法律第168号）第55条の規定による家庭裁判所への移送の決定に係る裁判所の判断（次項第1号及び第2号に掲げるものを除く。）のうち次に掲げるもの（以下「裁判員の関与する判断」という。）は，第2条第1項の合議体の構成員である裁判官（以下「構成裁判官」という。）及び裁判員の合議による。
　　1号　事実の認定
　　2号　法令の適用
　　3号　刑の量定
②項　前項に規定する場合において，次に掲げる裁判所の判断は，構成裁判官の合議による。
　　1号　法令の解釈に係る判断
　　2号　訴訟手続に関する判断（少年法第55条の決定を除く。）
　　3号　その他裁判員の関与する判断以外の判断
③項　裁判員の関与する判断をするための審理は構成裁判官及び裁判員で行い，それ以外の審理は構成裁判官のみで行う。

（裁判員の義務）
第9条　裁判員は，法令に従い公平誠実にその職務を行わなければならない。
②項　裁判員は，第70条第1項に規定する評議の秘密その他の職務上知り得た秘密を漏らしてはならない。
③項　裁判員は，裁判の公正さに対する信頼を損なうおそれのある行為をしてはならない。
④項　裁判員は，その品位を害するような行為をしてはならない。

（補充裁判員）
第10条　裁判所は，審判の期間その他の事情を考慮して必要があると認めるときは，補充裁判員を置くことができる。ただし，補充裁判員の員数は，合議体を構成する裁判員の員

数を超えることはできない。
②項　補充裁判員は，裁判員の関与する判断をするための審理に立ち会い，第2条第1項の合議体を構成する裁判員の員数に不足が生じた場合に，あらかじめ定める順序に従い，これに代わって，裁判員に選任される。
③項　補充裁判員は，訴訟に関する書類及び証拠物を閲覧することができる。
④項　前条の規定は，補充裁判員について準用する。

（旅費，日当及び宿泊料）
第11条　裁判員及び補充裁判員には，最高裁判所規則で定めるところにより，旅費，日当及び宿泊料を支給する。

（裁判員の選任資格）
第13条　裁判員は，衆議院議員の選挙権を有する者の中から，この節の定めるところにより，選任するものとする。

（欠格事由）
第14条　国家公務員法（昭和22年法律第120号）第38条の規定に該当する場合のほか，次の各号のいずれかに該当する者は，裁判員となることができない。
　1号　学校教育法（昭和22年法律第26号）に定める義務教育を終了しない者。ただし，義務教育を終了した者と同等以上の学識を有する者は，この限りでない。
　2号　禁錮以上の刑に処せられた者
　3号　心身の故障のため裁判員の職務の遂行に著しい支障がある者

（就職禁止事由）
第15条　次の各号のいずれかに該当する者は，裁判員の職務に就くことができない。
　1号　国会議員
　2号　国務大臣
　3号　次のいずれかに該当する国の行政機関の職員
　　イ　一般職の職員の給与に関する法律（昭和25年法律第95号）別表第10指定職俸給表の適用を受ける職員（ニに掲げる者を除く。）
　　ロ　一般職の任期付職員の採用及び給与の特例に関する法律（平成12年法律第125号）第7条第1項に規定する俸給表の適用を受ける職員であって，同表7号俸の俸給月額以上の俸給を受けるもの
　　ハ　特別職の職員の給与に関する法律（昭和24年法律第252号）別表第1及び別表第2の適用を受ける職員
　　ニ　防衛省の職員の給与等に関する法律（昭和27年法律第266号。以下「防衛省職員給与法」という。）第4条第1項の規定により一般職の職員の給与に関する法律別表第10指定職俸給表の適用を受ける職員及び防衛省職員給与法第4条第2項の規定により一般職の任期付職員の採用及び給与の特例に関する法律第7条第1項の俸給表に定める額の俸給（同表7号俸の俸給月額以上のものに限る。）を受ける職員
　4号　裁判官及び裁判官であった者
　5号　検察官及び検察官であった者
　6号　弁護士（外国法事務弁護士を含む。以下この項において同じ。）及び弁護士であった者
　7号　弁理士
　8号　司法書士
　9号　公証人
　10号　司法警察職員としての職務を行う者
　11号　裁判所の職員（非常勤の者を除く。）
　12号　法務省の職員（非常勤の者を除く。）
　13号　国家公安委員会委員及び都道府県公安委員会委員並びに警察職員（非常勤の者を除く。）
　14号　判事，判事補，検事又は弁護士となる資格を有する者
　15号　学校教育法に定める大学の学部，専攻科又は大学院の法律学の教授又は准教授
　16号　司法修習生
　17号　都道府県知事及び市町村（特別区を含む。以下同じ。）の長
　18号　自衛官

②項　次のいずれかに該当する者も，前項と同様とする。
　　１号　禁錮以上の刑に当たる罪につき起訴され，その被告事件の終結に至らない者
　　２号　逮捕又は勾留されている者

（辞退事由）
第16条　次の各号のいずれかに該当する者は，裁判員となることについて辞退の申立てをすることができる。
　　１号　年齢70年以上の者
　　２号　地方公共団体の議会の議員（会期中の者に限る。）
　　３号　学校教育法第１条，第124条又は第134条の学校の学生又は生徒（常時通学を要する課程に在学する者に限る。）
　　４号　過去５年以内に裁判員又は補充裁判員の職にあった者
　　５号　過去３年以内に選任予定裁判員であった者
　　６号　過去１年以内に裁判員候補者として第27条第１項に規定する裁判員等選任手続の期日に出頭したことがある者（第34条第７項（第38条第２項（第46条第２項において準用する場合を含む。），第47条第２項及び第92条第２項において準用する場合を含む。第26条第３項において同じ。）の規定による不選任の決定があった者を除く。）
　　７号　過去５年以内に検察審査会法（昭和23年法律第147号）の規定による検察審査員又は補充員の職にあった者
　　８号　次に掲げる事由その他政令で定めるやむを得ない事由があり，裁判員の職務を行うこと又は裁判員候補者として第27条第１項に規定する裁判員等選任手続の期日に出頭することが困難な者
　　　イ　重い疾病又は傷害により裁判所に出頭することが困難であること。
　　　ロ　介護又は養育が行われなければ日常生活を営むのに支障がある同居の親族の介護又は養育を行う必要があること。
　　　ハ　その従事する事業における重要な用務であって自らがこれを処理しなければ当該事業に著しい損害が生じるおそれがあるものがあること。
　　　ニ　父母の葬式への出席その他の社会生活上の重要な用務であって他の期日に行うことができないものがあること。

（事件に関連する不適格事由）
第17条　次の各号のいずれかに該当する者は，当該事件について裁判員となることができない。
　　１号　被告人又は被害者
　　２号　被告人又は被害者の親族又は親族であった者
　　３号　被告人又は被害者の法定代理人，後見監督人，保佐人，保佐監督人，補助人又は補助監督人
　　４号　被告人又は被害者の同居人又は被用者
　　５号　事件について告発又は請求をした者
　　６号　事件について証人又は鑑定人になった者
　　７号　事件について被告人の代理人，弁護人又は補佐人になった者
　　８号　事件について検察官又は司法警察職員として職務を行った者
　　９号　事件について検察審査員又は審査補助員として職務を行い，又は補充員として検察審査会議を傍聴した者
　　10号　事件について刑事訴訟法第266条第２号の決定，略式命令，同法第398条から第400条まで，第412条若しくは第413条の規定により差し戻し，若しくは移送された場合における原判決又はこれらの裁判の基礎となった取調べに関与した者。ただし，受託裁判官として関与した場合は，この限りでない。

（その他の不適格事由）
第18条　前条のほか，裁判所がこの法律の定めるところにより不公平な裁判をするおそれがあると認めた者は，当該事件について裁判員となることができない。

（裁判員候補者に対する質問等）
第34条　裁判員等選任手続において，裁判長は，裁判員候補者が，職務従事予定期間において，第13条に規定する者に該当するかどうか，第14条の規定により裁判員となることができない者でないかどうか，第15条第１項各号若しくは第２項各号若しくは第17条各号に掲げる者に該当しないかどうか若しくは第16条の規定により裁判員となることについて辞退の申立てがある場合において同条各号に掲げる者に該当するかどうか又は不公平な裁判をするおそれがないかどうかの判断をするため，必要な質問をすることができる。
②項　陪席の裁判官，検察官，被告人又は弁護人は，裁判長に対し，前項の判断をするために必要と思料する質問を裁判長が裁判員候補者に対してすることを求めることができる。この場合において，裁判長は，相当と認めるときは，裁判員候補者に対して，当該求めに係る質問をするものとする。
③項　裁判員候補者は，前２項の質問に対して正当な理由なく陳述を拒み，又は虚偽の陳述をしてはならない。
④項　裁判所は，裁判員候補者が，職務従事予定期間において，第13条に規定する者に該当しないと認めたとき，第14条の規定により裁判員となることができない者であると認めたとき又は第15条第１項各号若しくは第２項各号若しくは第17条各号に掲げる者に該当すると認めたときは，検察官，被告人若しくは弁護人の請求により又は職権で，当該裁判員候補者について不選任の決定をしなければならない。裁判員候補者が不公平な裁判をするおそれがあると認めたときも，同様とする。
⑤項　弁護人は，前項後段の場合において同項の請求をするに当たっては，被告人の明示した意思に反することはできない。
⑥項　第４項の請求を却下する決定には，理由を付さなければならない。
⑦項　裁判所は，第16条の規定により裁判員となることについて辞退の申立てがあった裁判員候補者について，職務従事予定期間において同条各号に掲げる者に該当すると認めたときは，当該裁判員候補者について不選任の決定をしなければならない。

（理由を示さない不選任の請求）
第36条　検察官及び被告人は，裁判員候補者について，それぞれ，４人（第２条第３項の決定があった場合は，３人）を限度として理由を示さずに不選任の決定の請求（以下「理由を示さない不選任の請求」という。）をすることができる。
②項　前項の規定にかかわらず，補充裁判員を置くときは，検察官及び被告人が理由を示さない不選任の請求をすることができる員数は，それぞれ，同項の員数にその選任すべき補充裁判員の員数が１人又は２人のときは１人，３人又は４人のときは２人，５人又は６人のときは３人を加えた員数とする。
③項　理由を示さない不選任の請求があったときは，裁判所は，当該理由を示さない不選任の請求に係る裁判員候補者について不選任の決定をする。
④項　刑事訴訟法第21条第２項の規定は，理由を示さない不選任の請求について準用する。

（選任決定）
第37条　裁判所は，くじその他の作為が加わらない方法として最高裁判所規則で定める方法に従い，裁判員等選任手続の期日に出頭した裁判員候補者で不選任の決定がされなかったものから，第２条第２項に規定する員数（当該裁判員候補者の員数がこれに満たないときは，その員数）の裁判員を選任する決定をしなければならない。
②項　裁判所は，補充裁判員を置くときは，前項の規定により裁判員を選任する決定をした後，同項に規定する方法に従い，その余の不選任の決定がされなかった裁判員候補者から，第26条第１項の規定により決定した員数（当該裁判員候補者の員数がこれに満たないときは，その員数）の補充裁判員を裁判員に

選任されるべき順序を定めて選任する決定をしなければならない。
③項　裁判所は、前２項の規定により裁判員又は補充裁判員に選任された者以外の不選任の決定がされなかった裁判員候補者については、不選任の決定をするものとする。

（裁判員の負担に対する配慮）
第51条　裁判官、検察官及び弁護人は、裁判員の負担が過重なものとならないようにしつつ、裁判員がその職責を十分に果たすことができるよう、審理を迅速で分かりやすいものとすることに努めなければならない。

（自由心証主義）
第62条　裁判員の関与する判断に関しては、証拠の証明力は、それぞれの裁判官及び裁判員の自由な判断にゆだねる。

（判決の宣告等）
第63条　刑事訴訟法第333条の規定による刑の言渡しの判決、同法第334条の規定による刑の免除の判決及び同法第336条の規定による無罪の判決並びに少年法第55条の規定による家庭裁判所への移送の決定の宣告をする場合には、裁判員は公判期日に出頭しなければならない。ただし、裁判員が出頭しないことは、当該判決又は決定の宣告を妨げるものではない。
②項　前項に規定する場合には、あらかじめ、裁判員に公判期日を通知しなければならない。

（評議）
第66条　第２条第１項の合議体における裁判員の関与する判断のための評議は、構成裁判官及び裁判員が行う。
②項　裁判員は、前項の評議に出席し、意見を述べなければならない。
③項　裁判長は、必要と認めるときは、第１項の評議において、裁判員に対し、構成裁判官の合議による法令の解釈に係る判断及び訴訟手続に関する判断を示さなければならない。
④項　裁判員は、前項の判断が示された場合には、これに従ってその職務を行わなければならない。
⑤項　裁判長は、第１項の評議において、裁判員に対して必要な法令に関する説明を丁寧に行うとともに、評議を裁判員に分かりやすいものとなるように整理し、裁判員が発言する機会を十分に設けるなど、裁判員がその職責を十分に果たすことができるように配慮しなければならない。

（評決）
第67条　前条第１項の評議における裁判員の関与する判断は、裁判所法第77条の規定にかかわらず、構成裁判官及び裁判員の双方の意見を含む合議体の員数の過半数の意見による。
②項　刑の量定について意見が分かれ、その説が各々、構成裁判官及び裁判員の双方の意見を含む合議体の員数の過半数の意見にならないときは、その合議体の判断は、構成裁判官及び裁判員の双方の意見を含む合議体の員数の過半数の意見になるまで、被告人に最も不利な意見の数を順次利益な意見の数に加え、その中で最も利益な意見による。

（不利益取扱いの禁止）
第100条　労働者が裁判員の職務を行うために休暇を取得したことその他裁判員、補充裁判員、選任予定裁判員若しくは裁判員候補者であること又はこれらの者であったことを理由として、解雇その他不利益な取扱いをしてはならない。

（裁判員等を特定するに足りる情報の取扱い）
第101条　何人も、裁判員、補充裁判員、選任予定裁判員又は裁判員候補者若しくはその予定者の氏名、住所その他の個人を特定するに足りる情報を公にしてはならない。これらであった者の氏名、住所その他の個人を特定

するに足りる情報についても，本人がこれを公にすることに同意している場合を除き，同様とする。
②項　前項の規定の適用については，区分事件審判に係る職務を行う裁判員又は補充裁判員の職にあった者で第84条の規定によりその任務が終了したものは，すべての区分事件審判の後に行われる併合事件の全体についての裁判（以下「併合事件裁判」という。）がされるまでの間は，なお裁判員又は補充裁判員であるものとみなす。

（裁判員等に対する接触の規制）
第102条　何人も，被告事件に関し，当該被告事件を取り扱う裁判所に選任され，又は選定された裁判員若しくは補充裁判員又は選任予定裁判員に接触してはならない。
②項　何人も，裁判員又は補充裁判員が職務上知り得た秘密を知る目的で，裁判員又は補充裁判員の職にあった者に接触してはならない。
③項　前２項の規定の適用については，区分事件審判に係る職務を行う裁判員又は補充裁判員の職にあった者で第84条の規定によりその任務が終了したものは，併合事件裁判がされるまでの間は，なお裁判員又は補充裁判員であるものとみなす。

（裁判員等に対する威迫罪）
第107条　被告事件に関し，当該被告事件の審判に係る職務を行う裁判員若しくは補充裁判員若しくはこれらの職にあった者又はその親族に対し，面会，文書の送付，電話をかけることその他のいかなる方法をもってするかを問わず，威迫の行為をした者は，２年以下の懲役又は20万円以下の罰金に処する。
②項　被告事件に関し，当該被告事件の審判に係る職務を行う裁判員若しくは補充裁判員の選任のために選定された裁判員候補者若しくは当該裁判員若しくは補充裁判員の職務を行うべき選任予定裁判員又はその親族に対し，面会，文書の送付，電話をかけることその他のいかなる方法をもってするかを問わず，威迫の行為をした者も，前項と同様とする。

（裁判員等による秘密漏示罪）
第108条　裁判員又は補充裁判員が，評議の秘密その他の職務上知り得た秘密を漏らしたときは，６月以下の懲役又は50万円以下の罰金に処する。
②項　裁判員又は補充裁判員の職にあった者が次の各号のいずれかに該当するときも，前項と同様とする。
　１号　職務上知り得た秘密（評議の秘密を除く。）を漏らしたとき。
　２号　評議の秘密のうち構成裁判官及び裁判員が行う評議又は構成裁判官のみが行う評議であって裁判員の傍聴が許されたもののそれぞれの裁判官若しくは裁判員の意見又はその多少の数を漏らしたとき。
　３号　財産上の利益その他の利益を得る目的で，評議の秘密（前号に規定するものを除く。）を漏らしたとき。
③項　前項第３号の場合を除き，裁判員又は補充裁判員の職にあった者が，評議の秘密（同項第２号に規定するものを除く。）を漏らしたときは，50万円以下の罰金に処する。
④項　前３項の規定の適用については，区分事件審判に係る職務を行う裁判員又は補充裁判員の職にあった者で第84条の規定によりその任務が終了したものは，併合事件裁判がされるまでの間は，なお裁判員又は補充裁判員であるものとみなす。
⑤項　裁判員又は補充裁判員が，構成裁判官又は現にその被告事件の審判に係る職務を行う他の裁判員若しくは補充裁判員以外の者に対し，当該被告事件において認定すべきであると考える事実若しくは量定すべきであると考える刑を述べたとき，又は当該被告事件において裁判所により認定されると考える事実若しくは量定されると考える刑を述べたときも，第１項と同様とする。
⑥項　裁判員又は補充裁判員の職にあった者

が，その職務に係る被告事件の審判における判決（少年法第55条の決定を含む。以下この項において同じ。）に関与した構成裁判官であった者又は他の裁判員若しくは補充裁判員の職にあった者以外の者に対し，当該判決において示された事実の認定又は刑の量定の当否を述べたときも，第1項と同様とする。

⑦項　区分事件審判に係る職務を行う裁判員又は補充裁判員の職にあった者で第84条の規定によりその任務が終了したものが，併合事件裁判がされるまでの間に，当該区分事件審判における部分判決に関与した構成裁判官であった者又は他の裁判員若しくは補充裁判員の職にあった者以外の者に対し，併合事件審判において認定すべきであると考える事実（当該区分事件以外の被告事件に係るものを除く。）若しくは量定すべきであると考える刑を述べたとき，又は併合事件審判において裁判所により認定されると考える事実（当該区分事件以外の被告事件に係るものを除く。）若しくは量定されると考える刑を述べたときも，第1項と同様とする。

（裁判員の氏名等漏示罪）

第109条　検察官若しくは弁護人若しくはこれらの職にあった者又は被告人若しくは被告人であった者が，正当な理由がなく，被告事件の裁判員候補者の氏名，裁判員候補者が第30条（第38条第2項（第46条第2項において準用する場合を含む。），第47条第2項及び第92条第2項において準用する場合を含む。次条において同じ。）に規定する質問票に記載した内容又は裁判員等選任手続における裁判員候補者の陳述の内容を漏らしたときは，1年以下の懲役又は50万円以下の罰金に処する。

（裁判員候補者による虚偽記載罪等）

第110条　裁判員候補者が，第30条に規定する質問票に虚偽の記載をして裁判所に提出し，又は裁判員等選任手続における質問に対して虚偽の陳述をしたときは，50万円以下の罰金に処する。

（裁判員候補者の不出頭等に対する過料）

第112条　次の各号のいずれかに当たる場合には，裁判所は，決定で，10万円以下の過料に処する。

　1号　呼出しを受けた裁判員候補者が，第29条第1項（第38条第2項（第46条第2項において準用する場合を含む。），第47条第2項及び第92条第2項において準用する場合を含む。）の規定に違反して，正当な理由がなく出頭しないとき。

　2号　呼出しを受けた選任予定裁判員が，第97条第5項の規定により読み替えて適用する第29条第1項の規定に違反して，正当な理由がなく出頭しないとき。

　3号　裁判員又は補充裁判員が，正当な理由がなく第39条第2項の宣誓を拒んだとき。

　4号　裁判員又は補充裁判員が，第52条の規定に違反して，正当な理由がなく，公判期日又は公判準備において裁判所がする証人その他の者の尋問若しくは検証の日時及び場所に出頭しないとき。

　5号　裁判員が，第63条第1項（第78条第5項において準用する場合を含む。）の規定に違反して，正当な理由がなく，公判期日に出頭しないとき。

（即時抗告）

第113条　前2条の決定に対しては，即時抗告をすることができる。

【刑事訴訟法】（抄）

（昭和23年7月10日法律第131号）
最終改正：平成20年6月18日法律第71号

第60条　裁判所は，被告人が罪を犯したことを疑うに足りる相当な理由がある場合で，左の各号の一にあたるときは，これを勾留することができる。

　1号　被告人が定まった住居を有しないとき。

2号　被告人が罪証を隠滅すると疑うに足りる相当な理由があるとき。
　3号　被告人が逃亡し又は逃亡すると疑うに足りる相当な理由があるとき。
②項　勾留の期間は、公訴の提起があった日から2箇月とする。特に継続の必要がある場合においては、具体的にその理由を附した決定で、1箇月ごとにこれを更新することができる。但し、第89条第1号、第3号、第4号又は第6号にあたる場合を除いては、更新は、1回に限るものとする。
③項　30万円（刑法、暴力行為等処罰に関する法律（大正15年法律第60号）及び経済関係罰則の整備に関する法律（昭和19年法律第4号）の罪以外の罪については、当分の間、2万円）以下の罰金、拘留又は科料に当たる事件については、被告人が定まった住居を有しない場合に限り、第1項の規定を適用する。

第199条　検察官、検察事務官又は司法警察職員は、被疑者が罪を犯したことを疑うに足りる相当な理由があるときは、裁判官のあらかじめ発する逮捕状により、これを逮捕することができる。ただし、30万円（刑法、暴力行為等処罰に関する法律及び経済関係罰則の整備に関する法律の罪以外の罪については、当分の間、2万円）以下の罰金、拘留又は科料に当たる罪については、被疑者が定まった住居を有しない場合又は正当な理由がなく前条の規定による出頭の求めに応じない場合に限る。
②項　裁判官は、被疑者が罪を犯したことを疑うに足りる相当な理由があると認めるときは、検察官又は司法警察員（警察官たる司法警察員については、国家公安委員会又は都道府県公安委員会が指定する警部以上の者に限る。以下本条において同じ。）の請求により、前項の逮捕状を発する。但し、明らかに逮捕の必要がないと認めるときは、この限りでない。
③項　検察官又は司法警察員は、第1項の逮捕状を請求する場合において、同一の犯罪事実についてその被疑者に対し前に逮捕状の請求又はその発付があったときは、その旨を裁判所に通知しなければならない。

第248条　犯人の性格、年齢及び境遇、犯罪の軽重及び情状並びに犯罪後の情況により訴追を必要としないときは、公訴を提起しないことができる。

第256条　公訴の提起は、起訴状を提出してこれをしなければならない。
②項　起訴状には、左の事項を記載しなければならない。
　1号　被告人の氏名その他被告人を特定するに足りる事項
　2号　公訴事実
　3号　罪名
③項　公訴事実は、訴因を明示してこれを記載しなければならない。訴因を明示するには、できる限り日時、場所及び方法を以て罪となるべき事実を特定してこれをしなければならない。
④項　罪名は、適用すべき罰条を示してこれを記載しなければならない。但し、罰条の記載の誤は、被告人の防禦に実質的な不利益を生ずる虞がない限り、公訴提起の効力に影響を及ぼさない。
⑤項　数個の訴因及び罰条は、予備的に又は択一的にこれを記載することができる。
⑥項　起訴状には、裁判官に事件につき予断を生ぜしめる虞のある書類その他の物を添附し、又はその内容を引用してはならない。

第271条　裁判所は、公訴の提起があったときは、遅滞なく起訴状の謄本を被告人に送達しなければならない。
②項　公訴の提起があった日から2箇月以内に起訴状の謄本が送達されないときは、公訴の提起は、さかのぼってその効力を失う。

第291条　検察官は、まず、起訴状を朗読しなければならない。

②項　前条第１項又は第３項の決定があったときは，前項の起訴状の朗読は，被害者特定事項を明らかにしない方法でこれを行うものとする。この場合において，検察官は，被告人に起訴状を示さなければならない。
③項　裁判長は，起訴状の朗読が終った後，被告人に対し，終始沈黙し，又は個々の質問に対し陳述を拒むことができる旨その他裁判所の規則で定める被告人の権利を保護するため必要な事項を告げた上，被告人及び弁護人に対し，被告事件について陳述する機会を与えなければならない。

第292条の２　裁判所は，被害者等又は当該被害者の法定代理人から，被害に関する心情その他の被告事件に関する意見の陳述の申出があるときは，公判期日において，その意見を陳述させるものとする。
②項　前項の規定による意見の陳述の申出は，あらかじめ，検察官にしなければならない。この場合において，検察官は，意見を付して，これを裁判所に通知するものとする。
③項　裁判長又は陪席の裁判官は，被害者等又は当該被害者の法定代理人が意見を陳述した後，その趣旨を明確にするため，これらの者に質問することができる。
④項　訴訟関係人は，被害者等又は当該被害者の法定代理人が意見を陳述した後，その趣旨を明確にするため，裁判長に告げて，これらの者に質問することができる。
⑤項　裁判長は，被害者等若しくは当該被害者の法定代理人の意見の陳述又は訴訟関係人の被害者等若しくは当該被害者の法定代理人に対する質問が既にした陳述若しくは質問と重複するとき，又は事件に関係のない事項にわたるときその他相当でないときは，これを制限することができる。
⑥項　第157条の２，第157条の３及び第157条の４第１項の規定は，第１項の規定による意見の陳述について準用する。
⑦項　裁判所は，審理の状況その他の事情を考慮して，相当でないと認めるときは，意見の陳述に代え意見を記載した書面を提出させ，又は意見の陳述をさせないことができる。
⑧項　前項の規定により書面が提出された場合には，裁判長は，公判期日において，その旨を明らかにしなければならない。この場合において，裁判長は，相当と認めるときは，その書面を朗読し，又はその要旨を告げることができる。
⑨項　第１項の規定による陳述又は第７項の規定による書面は，犯罪事実の認定のための証拠とすることができない。

第296条　証拠調のはじめに，検察官は，証拠により証明すべき事実を明らかにしなければならない。但し，証拠とすることができず，又は証拠としてその取調を請求する意思のない資料に基いて，裁判所に事件について偏見又は予断を生ぜしめる虞のある事項を述べることはできない。

第301条　第322条及び第324条第１項の規定により証拠とすることができる被告人の供述が自白である場合には，犯罪事実に関する他の証拠が取り調べられた後でなければ，その取調を請求することはできない。

第316条の２　裁判所は，充実した公判の審理を継続的，計画的かつ迅速に行うため必要があると認めるときは，検察官及び被告人又は弁護人の意見を聴いて，第１回公判期日前に，決定で，事件の争点及び証拠を整理するための公判準備として，事件を公判前整理手続に付することができる。
②項　公判前整理手続は，この款に定めるところにより，訴訟関係人を出頭させて陳述させ，又は訴訟関係人に書面を提出させる方法により，行うものとする。

第316条の３　裁判所は，充実した公判の審理を継続的，計画的かつ迅速に行うことができるよう，公判前整理手続において，十分な

準備が行われるようにするとともに，できる限り早期にこれを終結させるように努めなければならない。
②項　訴訟関係人は，充実した公判の審理を継続的，計画的かつ迅速に行うことができるよう，公判前整理手続において，相互に協力するとともに，その実施に関し，裁判所に進んで協力しなければならない。

第316条の4　公判前整理手続においては，被告人に弁護人がなければその手続を行うことができない。
②項　公判前整理手続において被告人に弁護人がないときは，裁判長は，職権で弁護人を付さなければならない。

第316条の5　公判前整理手続においては，次に掲げる事項を行うことができる。
　1号　訴因又は罰条を明確にさせること。
　2号　訴因又は罰条の追加，撤回又は変更を許すこと。
　3号　公判期日においてすることを予定している主張を明らかにさせて事件の争点を整理すること。
　4号　証拠調べの請求をさせること。
　5号　前号の請求に係る証拠について，その立証趣旨，尋問事項等を明らかにさせること。
　6号　証拠調べの請求に関する意見（証拠書類について第326条の同意をするかどうかの意見を含む。）を確かめること。
　7号　証拠調べをする決定又は証拠調べの請求を却下する決定をすること。
　8号　証拠調べをする決定をした証拠について，その取調べの順序及び方法を定めること。
　9号　証拠調べに関する異議の申立てに対して決定をすること。
　10号　第3目の定めるところにより証拠開示に関する裁定をすること。
　11号　公判期日を定め，又は変更することその他公判手続の進行上必要な事項を定めること。

第316条の12　公判前整理手続期日には，裁判所書記官を立ち会わせなければならない。
②項　公判前整理手続期日における手続については，裁判所の規則の定めるところにより，公判前整理手続調書を作成しなければならない。

第316条の13　検察官は，事件が公判前整理手続に付されたときは，その証明予定事実（公判期日において証拠により証明しようとする事実をいう。以下同じ。）を記載した書面を，裁判所に提出し，及び被告人又は弁護人に送付しなければならない。この場合においては，当該書面には，証拠とすることができず，又は証拠としてその取調べを請求する意思のない資料に基づいて，裁判所に事件について偏見又は予断を生じさせるおそれのある事項を記載することができない。
②項　検察官は，前項の証明予定事実を証明するために用いる証拠の取調べを請求しなければならない。
③項　前項の規定により証拠の取調べを請求するについては，第299条第1項の規定は適用しない。
④項　裁判所は，検察官及び被告人又は弁護人の意見を聴いた上で，第1項の書面の提出及び送付並びに第2項の請求の期限を定めるものとする。

第316条の14　検察官は，前条第2項の規定により取調べを請求した証拠（以下「検察官請求証拠」という。）については，速やかに，被告人又は弁護人に対し，次の各号に掲げる証拠の区分に応じ，当該各号に定める方法による開示をしなければならない。
　1号　証拠書類又は証拠物　当該証拠書類又は証拠物を閲覧する機会（弁護人に対しては，閲覧し，かつ，謄写する機会）を与えること。
　2号　証人，鑑定人，通訳人又は翻訳人

その氏名及び住居を知る機会を与え，かつ，その者の供述録取書等（供述書，供述を録取した書面で供述者の署名若しくは押印のあるもの又は映像若しくは音声を記録することができる記録媒体であって供述を記録したものをいう。以下同じ。）のうち，その者が公判期日において供述すると思料する内容が明らかになるもの（当該供述録取書等が存在しないとき，又はこれを閲覧させることが相当でないと認めるときにあっては，その者が公判期日において供述すると思料する内容の要旨を記載した書面）を閲覧する機会（弁護人に対しては，閲覧し，かつ，謄写する機会）を与えること。

第316条の15 検察官は，前条の規定による開示をした証拠以外の証拠であって，次の各号に掲げる証拠の類型のいずれかに該当し，かつ，特定の検察官請求証拠の証明力を判断するために重要であると認められるものについて，被告人又は弁護人から開示の請求があった場合において，その重要性の程度その他の被告人の防御の準備のために当該開示をすることの必要性の程度並びに当該開示によって生じるおそれのある弊害の内容及び程度を考慮し，相当と認めるときは，速やかに，同条第1号に定める方法による開示をしなければならない。この場合において，検察官は，必要と認めるときは，開示の時期若しくは方法を指定し，又は条件を付することができる。

　1号　証拠物
　2号　第321条第2項に規定する裁判所又は裁判官の検証の結果を記載した書面
　3号　第321条第3項に規定する書面又はこれに準ずる書面
　4号　第321条第4項に規定する書面又はこれに準ずる書面
　5号　次に掲げる者の供述録取書等
　　イ　検察官が証人として尋問を請求した者
　　ロ　検察官が取調べを請求した供述録取書等の供述者であって，当該供述録取書等が第326条の同意がされない場合には，検察官が証人として尋問を請求することを予定しているもの
　6号　前号に掲げるもののほか，被告人以外の者の供述録取書等であって，検察官が特定の検察官請求証拠により直接証明しようとする事実の有無に関する供述を内容とするもの
　7号　被告人の供述録取書等
　8号　取調べ状況の記録に関する準則に基づき，検察官，検察事務官又は司法警察職員が職務上作成することを義務付けられている書面であって，身体の拘束を受けている者の取調べに関し，その年月日，時間，場所その他の取調べの状況を記録したもの（被告人に係るものに限る。）

②項　被告人又は弁護人は，前項の開示の請求をするときは，次に掲げる事項を明らかにしなければならない。
　1号　前項各号に掲げる証拠の類型及び開示の請求に係る証拠を識別するに足りる事項
　2号　事案の内容，特定の検察官請求証拠に対応する証明予定事実，開示の請求に係る証拠と当該検察官請求証拠との関係その他の事情に照らし，当該開示の請求に係る証拠が当該検察官請求証拠の証明力を判断するために重要であることその他の被告人の防御の準備のために当該開示が必要である理由

第316条の16 被告人又は弁護人は，第316条の13第1項の書面の送付を受け，かつ，第316条の14及び前条第1項の規定による開示をすべき証拠の開示を受けたときは，検察官請求証拠について，第326条の同意をするかどうか又はその取調べの請求に関し異議がないかどうかの意見を明らかにしなければならない。
②項　裁判所は，検察官及び被告人又は弁護人の意見を聴いた上で，前項の意見を明らかにすべき期限を定めることができる。

第316条の17 被告人又は弁護人は，第316条

の13第１項の書面の送付を受け，かつ，第316条の14及び第316条の15第１項の規定による開示をすべき証拠の開示を受けた場合において，その証明予定事実その他の公判期日においてすることを予定している事実上及び法律上の主張があるときは，裁判所及び検察官に対し，これを明らかにしなければならない。この場合においては，第316条の13第１項後段の規定を準用する。
②項　被告人又は弁護人は，前項の証明予定事実があるときは，これを証明するために用いる証拠の取調べを請求しなければならない。この場合においては，第316条の13第３項の規定を準用する。
③項　裁判所は，検察官及び被告人又は弁護人の意見を聴いた上で，第１項の主張を明らかにすべき期限及び前項の請求の期限を定めることができる。

第316条の18　被告人又は弁護人は，前条第２項の規定により取調べを請求した証拠については，速やかに，検察官に対し，次の各号に掲げる証拠の区分に応じ，当該各号に定める方法による開示をしなければならない。
　　１号　証拠書類又は証拠物　当該証拠書類又は証拠物を閲覧し，かつ，謄写する機会を与えること。
　　２号　証人，鑑定人，通訳人又は翻訳人　その氏名及び住居を知る機会を与え，かつ，その者の供述録取書等のうち，その者が公判期日において供述すると思料する内容が明らかになるもの（当該供述録取書等が存在しないとき，又はこれを閲覧させることが相当でないと認めるときにあっては，その者が公判期日において供述すると思料する内容の要旨を記載した書面）を閲覧し，かつ，謄写する機会を与えること。

第316条の19　検察官は，前条の規定による開示をすべき証拠の開示を受けたときは，第316条の17第２項の規定により被告人又は弁護人が取調べを請求した証拠について，第326条の同意をするかどうか又はその取調べの請求に関し異議がないかどうかの意見を明らかにしなければならない。
②項　裁判所は，検察官及び被告人又は弁護人の意見を聴いた上で，前項の意見を明らかにすべき期限を定めることができる。

第316条の20　検察官は，第316条の14及び第316条の15第１項の規定による開示をした証拠以外の証拠であって，第316条の17第１項の主張に関連すると認められるものについて，被告人又は弁護人から開示の請求があった場合において，その関連性の程度その他の被告人の防御の準備のために当該開示をすることの必要性の程度並びに当該開示によって生じるおそれのある弊害の内容及び程度を考慮し，相当と認めるときは，速やかに，第316条の14第１号に定める方法による開示をしなければならない。この場合において，検察官は，必要と認めるときは，開示の時期若しくは方法を指定し，又は条件を付することができる。
②項　被告人又は弁護人は，前項の開示の請求をするときは，次に掲げる事項を明らかにしなければならない。
　　１号　開示の請求に係る証拠を識別するに足りる事項
　　２号　第316条の17第１項の主張と開示の請求に係る証拠との関連性その他の被告人の防御の準備のために当該開示が必要である理由

第316条の21　検察官は，第316条の13から前条までに規定する手続が終わった後，その証明予定事実を追加し又は変更する必要があると認めるときは，速やかに，その追加し又は変更すべき証明予定事実を記載した書面を，裁判所に提出し，及び被告人又は弁護人に送付しなければならない。この場合においては，第316条の13第１項後段の規定を準用する。
②項　検察官は，その証明予定事実を証明す

るために用いる証拠の取調べの請求を追加する必要があると認めるときは，速やかに，その追加すべき証拠の取調べを請求しなければならない。この場合においては，第316条の13第3項の規定を準用する。
③項　裁判所は，検察官及び被告人又は弁護人の意見を聴いた上で，第1項の書面の提出及び送付並びに前項の請求の期限を定めることができる。
④項　第316条の14から第316条の16までの規定は，第2項の規定により検察官が取調べを請求した証拠についてこれを準用する。

第316条の22　被告人又は弁護人は，第316条の13から第316条の20までに規定する手続が終わった後，第316条の17第1項の主張を追加し又は変更する必要があると認めるときは，速やかに，裁判所及び検察官に対し，その追加し又は変更すべき主張を明らかにしなければならない。この場合においては，第316条の13第1項後段の規定を準用する。
②項　被告人又は弁護人は，その証明予定事実を証明するために用いる証拠の取調べの請求を追加する必要があると認めるときは，速やかに，その追加すべき証拠の取調べを請求しなければならない。この場合においては，第316条の13第3項の規定を準用する。
③項　裁判所は，検察官及び被告人又は弁護人の意見を聴いた上で，第1項の主張を明らかにすべき期限及び前項の請求の期限を定めることができる。
④項　第316条の18及び第316条の19の規定は，第2項の規定により被告人又は弁護人が取調べを請求した証拠についてこれを準用する。
⑤項　第316条の20の規定は，第1項の追加し又は変更すべき主張に関連すると認められる証拠についてこれを準用する。

第316条の23　第299条の2及び第299条の3の規定は，検察官又は弁護人がこの目の規定による証拠の開示をする場合についてこれを準用する。

第316条の24　裁判所は，公判前整理手続を終了するに当たり，検察官及び被告人又は弁護人との間で，事件の争点及び証拠の整理の結果を確認しなければならない。

第316条の25　裁判所は，証拠の開示の必要性の程度並びに証拠の開示によって生じるおそれのある弊害の内容及び程度その他の事情を考慮して，必要と認めるときは，第316条の14（第316条の21第4項において準用する場合を含む。）の規定による開示をすべき証拠については検察官の請求により，第316条の18（第316条の22第4項において準用する場合を含む。）の規定による開示をすべき証拠については被告人又は弁護人の請求により，決定で，当該証拠の開示の時期若しくは方法を指定し，又は条件を付することができる。
②項　裁判所は，前項の請求について決定をするときは，相手方の意見を聴かなければならない。
③項　第1項の請求についてした決定に対しては，即時抗告をすることができる。

第316条の26　裁判所は，検察官が第316条の4若しくは第316条の5第1項（第316条の21第4項においてこれらの規定を準用する場合を含む。）若しくは第316条の2第1項（第316条の22第5項において準用する場合を含む。）の規定による開示をすべき証拠を開示していないと認めるとき，又は被告人若しくは弁護人が第316条の18（第316条の22第4項において準用する場合を含む。）の規定による開示をすべき証拠を開示していないと認めるときは，相手方の請求により，決定で，当該証拠の開示を命じなければならない。この場合において，裁判所は，開示の時期若しくは方法を指定し，又は条件を付することができる。
②項　裁判所は，前項の請求について決定を

するときは，相手方の意見を聴かなければならない。
③項　第１項の請求についてした決定に対しては，即時抗告をすることができる。

第316条の27　裁判所は，第316条の25第１項又は前条第１項の請求について決定をするに当たり，必要があると認めるときは，検察官，被告人又は弁護人に対し，当該請求に係る証拠の提示を命ずることができる。この場合においては，裁判所は，何人にも，当該証拠の閲覧又は謄写をさせることができない。
②項　裁判所は，被告人又は弁護人がする前条第１項の請求について決定をするに当たり，必要があると認めるときは，検察官に対し，その保管する証拠であって，裁判所の指定する範囲に属するものの目目を記載した一覧表の提示を命ずることができる。この場合においては，裁判所は，何人にも，当該一覧表の閲覧又は謄写をさせることができない。
③項　第１項の規定は第316条の25第３項又は前条第３項の即時抗告が係属する抗告裁判所について，前項の規定は同条第３項の即時抗告が係属する抗告裁判所について，それぞれ準用する。

第316条の30　公判前整理手続に付された事件については，被告人又は弁護人は，証拠により証明すべき事実その他の事実上及び法律上の主張があるときは，第296条の手続に引き続き，これを明らかにしなければならない。この場合においては，同条ただし書の規定を準用する。

第316条の31　公判前整理手続に付された事件については，裁判所は，裁判所の規則の定めるところにより，前条の手続が終わった後，公判期日において，当該公判前整理手続の結果を明らかにしなければならない。
②項　期日間整理手続に付された事件については，裁判所は，裁判所の規則の定めるところにより，その手続が終わった後，公判期日において，当該期日間整理手続の結果を明らかにしなければならない。

第317条　事実の認定は，証拠による。

第318条　証拠の証明力は，裁判官の自由な判断に委ねる。

第319条　強制，拷問又は脅迫による自白，不当に長く抑留又は拘禁された後の自白その他任意にされたものでない疑のある自白は，これを証拠とすることができない。
②項　被告人は，公判廷における自白であると否とを問わず，その自白が自己に不利益な唯一の証拠である場合には，有罪とされない。
③項　前２項の自白には，起訴された犯罪について有罪であることを自認する場合を含む。

第435条　再審の請求は，左の場合において，有罪の言渡をした確定判決に対して，その言渡を受けた者の利益のために，これをすることができる。
　１号　原判決の証拠となった証拠書類又は証拠物が確定判決により偽造又は変造であったことが証明されたとき。
　２号　原判決の証拠となった証言，鑑定，通訳又は翻訳が確定判決により虚偽であったことが証明されたとき。
　３号　有罪の言渡を受けた者を誣告した罪が確定判決により証明されたとき。但し，誣告により有罪の言渡を受けたときに限る。
　４号　原判決の証拠となった裁判が確定裁判により変更されたとき。
　５号　特許権，実用新案権，意匠権又は商標権を害した罪により有罪の言渡をした事件について，その権利の無効の審決が確定したとき，又は無効の判決があったとき。
　６号　有罪の言渡を受けた者に対して無罪若しくは免訴を言い渡し，刑の言渡を受けた者に対して刑の免除を言い渡し，又は原判決

において認めた罪より軽い罪を認めるべき明らかな証拠をあらたに発見したとき。
　7号　原判決に関与した裁判官，原判決の証拠となった証拠書類の作成に関与した裁判官又は原判決の証拠となった書面を作成し若しくは供述をした検察官，検察事務官若しくは司法警察職員が被告事件について職務に関する罪を犯したことが確定判決により証明されたとき。但し，原判決をする前に裁判官，検察官，検察事務官又は司法警察職員に対して公訴の提起があった場合には，原判決をした裁判所がその事実を知らなかったときに限る。

【刑　法】（抄）
（明治40年4月24日法律第45号）
最終改正：平成19年5月23日法律第54号

(刑の種類)
第9条　死刑，懲役，禁錮，罰金，拘留及び科料を主刑とし，没収を付加刑とする。

(刑の軽重)
第10条　主刑の軽重は，前条に規定する順序による。ただし，無期の禁錮と有期の懲役とでは禁錮を重い刑とし，有期の禁錮の長期が有期の懲役の長期の2倍を超えるときも，禁錮を重い刑とする。
②項　同種の刑は，長期の長いもの又は多額の多いものを重い刑とし，長期又は多額が同じであるときは，短期の長いもの又は寡額の多いものを重い刑とする。
③項　2個以上の死刑又は長期若しくは多額及び短期若しくは寡額が同じである同種の刑は，犯情によってその軽重を定める。

(有期の懲役及び禁錮の加減の限度)
第14条　死刑又は無期の懲役若しくは禁錮を減軽して有期の懲役又は禁錮とする場合においては，その長期を30年とする。
②項　有期の懲役又は禁錮を加重する場合においては30年にまで上げることができ，これを減軽する場合においては1月未満に下げることができる。

(仮釈放)
第28条　懲役又は禁錮に処せられた者に改悛の状があるときは，有期刑についてはその刑期の3分の1を，無期刑については10年を経過した後，行政官庁の処分によって仮に釈放することができる。

(正当行為)
第35条　法令又は正当な業務による行為は，罰しない。

(正当防衛)
第36条　急迫不正の侵害に対して，自己又は他人の権利を防衛するため，やむを得ずにした行為は，罰しない。
②項　防衛の程度を超えた行為は，情状により，その刑を減軽し，又は免除することができる。

(緊急避難)
第37条　自己又は他人の生命，身体，自由又は財産に対する現在の危難を避けるため，やむを得ずにした行為は，これによって生じた害が避けようとした害の程度を超えなかった場合に限り，罰しない。ただし，その程度を超えた行為は，情状により，その刑を減軽し，又は免除することができる。
②項　前項の規定は，業務上特別の義務がある者には，適用しない。

(故意)
第38条　罪を犯す意思がない行為は，罰しない。ただし，法律に特別の規定がある場合は，この限りでない。
②項　重い罪に当たるべき行為をしたのに，行為の時にその重い罪に当たることとなる事実を知らなかった者は，その重い罪によって処断することはできない。
③項　法律を知らなかったとしても，そのこ

とによって，罪を犯す意思がなかったとすることはできない。ただし，情状により，その刑を減軽することができる。

（心神喪失及び心神耗弱）
第39条　心神喪失者の行為は，罰しない。
②項　心神耗弱者の行為は，その刑を減軽する。

（自首等）
第42条　罪を犯した者が捜査機関に発覚する前に自首したときは，その刑を減軽することができる。
②項　告訴がなければ公訴を提起することができない罪について，告訴をすることができる者に対して自己の犯罪事実を告げ，その措置にゆだねたときも，前項と同様とする。

（未遂減免）
第43条　犯罪の実行に着手してこれを遂げなかった者は，その刑を減軽することができる。ただし，自己の意思により犯罪を中止したときは，その刑を減軽し，又は免除する。

（併合罪）
第45条　確定裁判を経ていない2個以上の罪を併合罪とする。ある罪について禁錮以上の刑に処する確定裁判があったときは，その罪とその裁判が確定する前に犯した罪とに限り，併合罪とする。

（併科の制限）
第46条　併合罪のうちの1個の罪について死刑に処するときは，他の刑を科さない。ただし，没収は，この限りでない。
②項　併合罪のうちの1個の罪について無期の懲役又は禁錮に処するときも，他の刑を科さない。ただし，罰金，科料及び没収は，この限りでない。

（有期の懲役及び禁錮の加重）
第47条　併合罪のうちの2個以上の罪について有期の懲役又は禁錮に処するときは，その最も重い罪について定めた刑の長期にその2分の1を加えたものを長期とする。ただし，それぞれの罪について定めた刑の長期の合計を超えることはできない。

（1個の行為が2個以上の罪名に触れる場合等の処理）
第54条　1個の行為が2個以上の罪名に触れ，又は犯罪の手段若しくは結果である行為が他の罪名に触れるときは，その最も重い刑により処断する。
②項　第49条第2項の規定は，前項の場合にも，適用する。

（再犯）
第56条　懲役に処せられた者がその執行を終わった日又はその執行の免除を得た日から5年以内に更に罪を犯した場合において，その者を有期懲役に処するときは，再犯とする。
②項　懲役に当たる罪と同質の罪により死刑に処せられた者がその執行の免除を得た日又は減刑により懲役に減軽されてその執行を終わった日若しくはその執行の免除を得た日から5年以内に更に罪を犯した場合において，その者を有期懲役に処するときも，前項と同様とする。
③項　併合罪について処断された者が，その併合罪のうちに懲役に処すべき罪があったのに，その罪が最も重い罪でなかったため懲役に処せられなかったものであるときは，再犯に関する規定の適用については，懲役に処せられたものとみなす。

（再犯加重）
第57条　再犯の刑は，その罪について定めた懲役の長期の2倍以下とする。

（共同正犯）
第60条　2人以上共同して犯罪を実行した者は，すべて正犯とする。

（教唆）
第61条　人を教唆して犯罪を実行させた者には，正犯の刑を科する。
②項　教唆者を教唆した者についても，前項と同様とする。

（幇助）
第62条　正犯を幇助した者は，従犯とする。
②項　従犯を教唆した者には，従犯の刑を科する。

（従犯減軽）
第63条　従犯の刑は，正犯の刑を減軽する。

（身分犯の共犯）
第65条　犯人の身分によって構成すべき犯罪行為に加功したときは，身分のない者であっても，共犯とする。
②項　身分によって特に刑の軽重があるときは，身分のない者には通常の刑を科する。

（酌量減軽）
第66条　犯罪の情状に酌量すべきものがあるときは，その刑を減軽することができる。

（法律上の加減と酌量減軽）
第67条　法律上刑を加重し，又は減軽する場合であっても，酌量減軽をすることができる。

（内乱）
第77条　国の統治機構を破壊し，又はその領土において国権を排除して権力を行使し，その他憲法の定める統治の基本秩序を壊乱することを目的として暴動をした者は，内乱の罪とし，次の区別に従って処断する。
　1号　首謀者は，死刑又は無期禁錮に処する。
　2号　謀議に参与し，又は群衆を指揮した者は無期又は3年以上の禁錮に処し，その他諸般の職務に従事した者は1年以上10年以下の禁錮に処する。
　3号　付和随行し，その他単に暴動に参加した者は，3年以下の禁錮に処する。
②項　前項の罪の未遂は，罰する。ただし，同項第3号に規定する者については，この限りでない。

（外患誘致）
第81条　外国と通謀して日本国に対し武力を行使させた者は，死刑に処する。

（外患援助）
第82条　日本国に対して外国から武力の行使があったときに，これに加担して，その軍務に服し，その他これに軍事上の利益を与えた者は，死刑又は無期若しくは2年以上の懲役に処する。

（現住建造物等放火）
第108条　放火して，現に人が住居に使用し又は現に人がいる建造物，汽車，電車，艦船又は鉱坑を焼損した者は，死刑又は無期若しくは5年以上の懲役に処する。

（非現住建造物等放火）
第109条　放火して，現に人が住居に使用せず，かつ，現に人がいない建造物，艦船又は鉱坑を焼損した者は，2年以上の有期懲役に処する。
②項　前項の物が自己の所有に係るときは，6月以上7年以下の懲役に処する。ただし，公共の危険を生じなかったときは，罰しない。

（建造物等以外放火）
第110条　放火して，前2条に規定する物以外の物を焼損し，よって公共の危険を生じさせた者は，1年以上10年以下の懲役に処する。
②項　前項の物が自己の所有に係るときは，1年以下の懲役又は10万円以下の罰金に処する。

（延焼）
第111条 第109条第2項又は前条第2項の罪を犯し，よって第108条又は第109条第1項に規定する物に延焼させたときは，3月以上10年以下の懲役に処する。
②項 前条第2項の罪を犯し，よって同条第1項に規定する物に延焼させたときは，3年以下の懲役に処する。

（激発物破裂）
第117条 火薬，ボイラーその他の激発すべき物を破裂させて，第108条に規定する物又は他人の所有に係る第109条に規定する物を損壊した者は，放火の例による。第109条に規定する物であって自己の所有に係るもの又は第110条に規定する物を損壊し，よって公共の危険を生じさせた者も，同様とする。
②項 前項の行為が過失によるときは，失火の例による。

（ガス漏出等及び同致死傷）
第118条 ガス，電気又は蒸気を漏出させ，流出させ，又は遮断し，よって人の生命，身体又は財産に危険を生じさせた者は，3年以下の懲役又は10万円以下の罰金に処する。
②項 ガス，電気又は蒸気を漏出させ，流出させ，又は遮断し，よって人を死傷させた者は，傷害の罪と比較して，重い刑により処断する。

（現住建造物等浸害）
第119条 出水させて，現に人が住居に使用し又は現に人がいる建造物，汽車，電車又は鉱坑を浸害した者は，死刑又は無期若しくは3年以上の懲役に処する。

（往来妨害及び同致死傷）
第124条 陸路，水路又は橋を損壊し，又は閉塞して往来の妨害を生じさせた者は，2年以下の懲役又は20万円以下の罰金に処する。
②項 前項の罪を犯し，よって人を死傷させた者は，傷害の罪と比較して，重い刑により処断する。

（往来危険）
第125条 鉄道若しくはその標識を損壊し，又はその他の方法により，汽車又は電車の往来の危険を生じさせた者は，2年以上の有期懲役に処する。
②項 灯台若しくは浮標を損壊し，又はその他の方法により，艦船の往来の危険を生じさせた者も，前項と同様とする。

（汽車転覆等及び同致死）
第126条 現に人がいる汽車又は電車を転覆させ，又は破壊した者は，無期又は3年以上の懲役に処する。
②項 現に人がいる艦船を転覆させ，沈没させ，又は破壊した者も，前項と同様とする。
③項 前2項の罪を犯し，よって人を死亡させた者は，死刑又は無期懲役に処する。

（往来危険による汽車転覆等）
第127条 第125条の罪を犯し，よって汽車若しくは電車を転覆させ，若しくは破壊し，又は艦船を転覆させ，沈没させ，若しくは破壊した者も，前条の例による。

（浄水汚染）
第142条 人の飲料に供する浄水を汚染し，よって使用することができないようにした者は，6月以下の懲役又は10万円以下の罰金に処する。

（水道汚染）
第143条 水道により公衆に供給する飲料の浄水又はその水源を汚染し，よって使用することができないようにした者は，6月以上7年以下の懲役に処する。

（浄水毒物等混入）
第144条 人の飲料に供する浄水に毒物その他人の健康を害すべき物を混入した者は，3年以下の懲役に処する。

（浄水汚染等致死傷）
第145条　前3条の罪を犯し，よって人を死傷させた者は，傷害の罪と比較して，重い刑により処断する。

（水道毒物等混入及び同致死）
第146条　水道により公衆に供給する飲料の浄水又はその水源に毒物その他人の健康を害すべき物を混入した者は，2年以上の有期懲役に処する。よって人を死亡させた者は，死刑又は無期若しくは5年以上の懲役に処する。

（通貨偽造及び行使等）
第148条　行使の目的で，通用する貨幣，紙幣又は銀行券を偽造し，又は変造した者は，無期又は3年以上の懲役に処する。

（詔書偽造等）
第154条　行使の目的で，御璽，国璽若しくは御名を使用して詔書その他の文書を偽造し，又は偽造した御璽，国璽若しくは御名を使用して詔書その他の文書を偽造した者は，無期又は3年以上の懲役に処する。
②**項**　御璽若しくは国璽を押し又は御名を署した詔書その他の文書を変造した者も，前項と同様とする。

（強制わいせつ）
第176条　13歳以上の男女に対し，暴行又は脅迫を用いてわいせつな行為をした者は，6月以上10年以下の懲役に処する。13歳未満の男女に対し，わいせつな行為をした者も，同様とする。

（強姦）
第177条　暴行又は脅迫を用いて13歳以上の女子を姦淫した者は，強姦の罪とし，3年以上の有期懲役に処する。13歳未満の女子を姦淫した者も，同様とする。

（準強制わいせつ及び準強姦）
第178条　人の心神喪失若しくは抗拒不能に乗じ，又は心神を喪失させ，若しくは抗拒不能にさせて，わいせつな行為をした者は，第176条の例による。
②**項**　女子の心神喪失若しくは抗拒不能に乗じ，又は心神を喪失させ，若しくは抗拒不能にさせて，姦淫した者は，前条の例による。

（集団強姦等）
第178条の2　2人以上の者が現場において共同して第177条又は前条第2項の罪を犯したときは，4年以上の有期懲役に処する。

（未遂罪）
第179条　第176条から前条までの罪の未遂は，罰する。

（強制わいせつ等致死傷）
第181条　第176条若しくは第178条第1項の罪又はこれらの罪の未遂罪を犯し，よって人を死傷させた者は，無期又は3年以上の懲役に処する。
②**項**　第177条若しくは第178条第2項の罪又はこれらの罪の未遂罪を犯し，よって女子を死傷させた者は，無期又は5年以上の懲役に処する。
③**項**　第178条の2の罪又はその未遂罪を犯し，よって女子を死傷させた者は，無期又は6年以上の懲役に処する。

（特別公務員職権濫用等致死傷）
第196条　前2条の罪を犯し，よって人を死傷させた者は，傷害の罪と比較して，重い刑により処断する。

（殺人）
第199条　人を殺した者は，死刑又は無期若しくは5年以上の懲役に処する。

（自殺関与及び同意殺人）
第202条　人を教唆し若しくは幇助して自殺

させ，又は人をその嘱託を受け若しくはその承諾を得て殺した者は，6月以上7年以下の懲役又は禁錮に処する。

(傷害致死)
第205条　身体を傷害し，よって人を死亡させた者は，3年以上の有期懲役に処する。

(危険運転致死傷)
第208条の2　アルコール又は薬物の影響により正常な運転が困難な状態で自動車を走行させ，よって，人を負傷させた者は15年以下の懲役に処し，人を死亡させた者は1年以上の有期懲役に処する。その進行を制御することが困難な高速度で，又はその進行を制御する技能を有しないで自動車を走行させ，よって人を死傷させた者も，同様とする。
②項　人又は車の通行を妨害する目的で，走行中の自動車の直前に進入し，その他通行中の人又は車に著しく接近し，かつ，重大な交通の危険を生じさせる速度で自動車を運転し，よって人を死傷させた者も，前項と同様とする。赤色信号又はこれに相当する信号を殊更に無視し，かつ，重大な交通の危険を生じさせる速度で自動車を運転し，よって人を死傷させた者も，同様とする。

(凶器準備集合及び結集)
第208条の3　2人以上の者が他人の生命，身体又は財産に対し共同して害を加える目的で集合した場合において，凶器を準備して又はその準備があることを知って集合した者は，2年以下の懲役又は30万円以下の罰金に処する。
②項　前項の場合において，凶器を準備して又はその準備があることを知って人を集合させた者は，30年以下の懲役に処する。

(不同意堕胎)
第215条　女子の嘱託を受けないで，又はその承諾を得ないで堕胎させた者は，6月以上7年以下の懲役に処する。

②項　前項の罪の未遂は，罰する。

(不同意堕胎致死傷)
第216条　前条の罪を犯し，よって女子を死傷させた者は，傷害の罪と比較して，重い刑により処断する。

(遺棄)
第217条　老年，幼年，身体障害又は疾病のために扶助を必要とする者を遺棄した者は，1年以下の懲役に処する。

(保護責任者遺棄等)
第218条　老年者，幼年者，身体障害者又は病者を保護する責任のある者がこれらの者を遺棄し，又はその生存に必要な保護をしなかったときは，3月以上5年以下の懲役に処する。

(遺棄等致死傷)
第219条　前2条の罪を犯し，よって人を死傷させた者は，傷害の罪と比較して，重い刑により処断する。

(逮捕及び監禁)
第220条　不法に人を逮捕し，又は監禁した者は，3月以上7年以下の懲役に処する。

(逮捕等致死傷)
第221条　前条の罪を犯し，よって人を死傷させた者は，傷害の罪と比較して，重い刑により処断する。

(未成年者略取及び誘拐)
第224条　未成年者を略取し，又は誘拐した者は，3月以上7年以下の懲役に処する。

(営利目的等略取及び誘拐)
第225条　営利，わいせつ，結婚又は生命若しくは身体に対する加害の目的で，人を略取し，又は誘拐した者は，1年以上10年以下の懲役に処する。

（身の代金目的略取等）

第225条の2　近親者その他略取され又は誘拐された者の安否を憂慮する者の憂慮に乗じてその財物を交付させる目的で，人を略取し，又は誘拐した者は，無期又は3年以上の懲役に処する。

②項　人を略取し又は誘拐した者が近親者その他略取され又は誘拐された者の安否を憂慮する者の憂慮に乗じて，その財物を交付させ，又はこれを要求する行為をしたときも，前項と同様とする。

（所在国外移送目的略取及び誘拐）

第226条　所在国外に移送する目的で，人を略取し，又は誘拐した者は，2年以上の有期懲役に処する。

（未遂罪）

第228条　第224条，第225条，第225条の2第1項，第226条から第226条の3まで並びに前条第1項から第3項まで及び第4項前段の罪の未遂は，罰する。

（窃盗）

第235条　他人の財物を窃取した者は，窃盗の罪とし，10年以下の懲役又は5万円以下の罰金に処する。

（強盗）

第236条　暴行又は脅迫を用いて他人の財物を強取した者は，強盗の罪とし，5年以上の有期懲役に処する。

②項　前項の方法により，財産上不法の利益を得，又は他人にこれを得させた者も，同項と同様とする。

（事後強盗）

第238条　窃盗が，財物を得てこれを取り返されることを防ぎ，逮捕を免れ，又は罪跡を隠滅するために，暴行又は脅迫をしたときは，強盗として論ずる。

（昏酔強盗）

第239条　人を昏酔させてその財物を盗取した者は，強盗として論ずる。

（強盗致死傷）

第240条　強盗が，人を負傷させたときは無期又は6年以上の懲役に処し，死亡させたときは死刑又は無期懲役に処する。

（強盗強姦及び同致死）

第241条　強盗が女子を強姦したときは，無期又は7年以上の懲役に処する。よって女子を死亡させたときは，死刑又は無期懲役に処する。

【少　年　法】（抄）
（昭和23年7月15日法律第168号）
最終改正：平成20年6月18日法律第71号

（審判に付すべき少年）

第3条　次に掲げる少年は，これを家庭裁判所の審判に付する。

　　1号　罪を犯した少年

　　2号　14歳に満たないで刑罰法令に触れる行為をした少年

　　3号　次に掲げる事由があって，その性格又は環境に照して，将来，罪を犯し，又は刑罰法令に触れる行為をする虞のある少年

　　イ　保護者の正当な監督に服しない性癖のあること。

　　ロ　正当な理由がなく家庭に寄り附かないこと。

　　ハ　犯罪性のある人若しくは不道徳な人と交際し，又はいかがわしい場所に出入すること。

　　ニ　自己又は他人の徳性を害する行為をする性癖のあること。

②項　家庭裁判所は，前項第2号に掲げる少年及び同項第3号に掲げる少年で14歳に満たない者については，都道府県知事又は児童相談所長から送致を受けたときに限り，これを審判に付することができる。

(検察官への送致)
第20条 家庭裁判所は，死刑，懲役又は禁錮に当たる罪の事件について，調査の結果，その罪質及び情状に照らして刑事処分を相当と認めるときは，決定をもって，これを管轄地方裁判所に対応する検察庁の検察官に送致しなければならない。
②項 前項の規定にかかわらず，家庭裁判所は，故意の犯罪行為により被害者を死亡させた罪の事件であって，その罪を犯すとき16歳以上の少年に係るものについては，同項の決定をしなければならない。ただし，調査の結果，犯行の動機及び態様，犯行後の情況，少年の性格，年齢，行状及び環境その他の事情を考慮し，刑事処分以外の措置を相当と認めるときは，この限りでない。

(審判開始の決定)
第21条 家庭裁判所は，調査の結果，審判を開始するのが相当であると認めるときは，その旨の決定をしなければならない。

(審判の方式)
第22条 審判は，懇切を旨として，和やかに行うとともに，非行のある少年に対し自己の非行について内省を促すものとしなければならない。
②項 審判は，これを公開しない。
③項 審判の指揮は，裁判長が行う。

(審判開始後保護処分に付しない場合)
第23条 家庭裁判所は，審判の結果，第18条又は第20条にあたる場合であると認めるときは，それぞれ，所定の決定をしなければならない。
②項 家庭裁判所は，審判の結果，保護処分に付することができず，又は保護処分に付する必要がないと認めるときは，その旨の決定をしなければならない。
③項 第19条第２項の規定は，家庭裁判所の審判の結果，本人が20歳以上であることが判明した場合に準用する。

(保護処分の決定)
第24条 家庭裁判所は，前条の場合を除いて，審判を開始した事件につき，決定をもって，次に掲げる保護処分をしなければならない。ただし，決定の時に14歳に満たない少年に係る事件については，特に必要と認める場合に限り，第３号の保護処分をすることができる。
　１号　保護観察所の保護観察に付すること。
　２号　児童自立支援施設又は児童養護施設に送致すること。
　３号　少年院に送致すること。
②項 前項第１号及び第３号の保護処分においては，保護観察所の長をして，家庭その他の環境調整に関する措置を行わせることができる。

(死刑と無期刑の緩和)
第51条 罪を犯すとき18歳に満たない者に対しては，死刑をもって処断すべきときは，無期刑を科する。
②項 罪を犯すとき18歳に満たない者に対しては，無期刑をもって処断すべきときであっても，有期の懲役又は禁錮を科することができる。この場合において，その刑は，10年以上15年以下において言い渡す。

(不定期刑)
第52条 少年に対して長期３年以上の有期の懲役又は禁錮をもって処断すべきときは，その刑の範囲内において，長期と短期を定めてこれを言い渡す。但し，短期が５年を越える刑をもって処断すべきときは，短期を５年に短縮する。
②項 前項の規定によって言い渡すべき刑については，短期は５年，長期は10年を越えることはできない。
③項 刑の執行猶予の言渡をする場合には，前２項の規定は，これを適用しない。

【日本国憲法】（抄）

（昭和21年11月3日憲法）

第31条 何人も，法律の定める手続によらなければ，その生命若しくは自由を奪はれ，又はその他の刑罰を科せられない。

第32条 何人も，裁判所において裁判を受ける権利を奪はれない。

第33条 何人も，現行犯として逮捕される場合を除いては，権限を有する司法官憲が発し，且つ理由となつてゐる犯罪を明示する令状によらなければ，逮捕されない。

第34条 何人も，理由を直ちに告げられ，且つ，直ちに弁護人に依頼する権利を与へられなければ，抑留又は拘禁されない。又，何人も，正当な理由がなければ，拘禁されず，要求があれば，その理由は，直ちに本人及びその弁護人の出席する公開の法廷で示されなければならない。

第35条 何人も，その住居，書類及び所持品について，侵入，捜索及び押収を受けることのない権利は，第33条の場合を除いては，正当な理由に基いて発せられ，且つ捜索する場所及び押収する物を明示する令状がなければ，侵されない。
②項 捜索又は押収は，権限を有する司法官憲が発する各別の令状により，これを行ふ。

第36条 公務員による拷問及び残虐な刑罰は，絶対にこれを禁ずる。

第37条 すべて刑事事件においては，被告人は，公平な裁判所の迅速な公開裁判を受ける権利を有する。
②項 刑事被告人は，すべての証人に対して審問する機会を充分に与へられ，又，公費で自己のために強制的手続により証人を求める権利を有する。
③項 刑事被告人は，いかなる場合にも，資格を有する弁護人を依頼することができる。被告人が自らこれを依頼することができないときは，国でこれを附する。

第38条 何人も，自己に不利益な供述を強要されない。
②項 強制，拷問若しくは脅迫による自白又は不当に長く抑留若しくは拘禁された後の自白は，これを証拠とすることができない。
③項 何人も，自己に不利益な唯一の証拠が本人の自白である場合には，有罪とされ，又は刑罰を科せられない。

第39条 何人も，実行の時に適法であつた行為又は既に無罪とされた行為については，刑事上の責任を問はれない。又，同一の犯罪について，重ねて刑事上の責任を問はれない。

【陪審法】（抄）

（大正12年4月18日法律第50号）
最終改正：昭和22年4月16日法律第61号

第1条 裁判所ハ本法ノ定ムル所ニ依リ刑事事件ニ付陪審ノ評議ニ付シテ事実ノ判断ヲ為スコトヲ得

第2条 死刑又ハ無期ノ懲役若ハ禁錮ニ該ル事件ハ之ヲ陪審ノ評議ニ付ス

第3条 長期3年ヲ超ユル有期ノ懲役又ハ禁錮ニ該ル事件ニシテ地方裁判所ノ管轄ニ属スルモノニ付被告人ノ請求アリタルトキハ之ヲ陪審ノ評議ニ付ス

第4条 左ニ掲クル罪ニ該ル事件ハ前2条ノ規定ニ拘ラス之ヲ陪審ノ評議ニ付セス
　1号　大審院ノ特別権限ニ属スル罪
　2号　刑法第2編第1章乃至第4章及第8章ノ罪
　3号　治安維持法ノ罪
　4号　軍機保護法，陸軍刑法又ハ海軍刑法

参考条文　169

ノ罪其ノ他軍機ニ関シ犯シタル罪
　5号　法令ニ依リテ行フ公選ニ関シ犯シタル罪

第6条　被告人ハ検察官ノ被告事件陳述前ハ何時ニテモ事件ヲ陪審ノ評議ニ付スルコトヲ辞シ又ハ請求ヲ取下クルコトヲ得
②項　前項ノ場合ニ於テハ事件ヲ陪審ノ評議ニ付スルコトヲ得ス

第12条　陪審員ハ左ノ各号ニ該当スル者タルコトヲ要ス
　1号　帝国臣民タル男子ニシテ30歳以上タルコト
　2号　引続キ2年以上同一市町村内ニ住居スルコト
　3号　引続キ2年以上直接国税3円以上ヲ納ムルコト
　4号　読ミ書キヲ為シ得ルコト
②項　前項第2号及第3号ノ要件ハ其ノ年9月1日ノ現在ニ依ル

第13条　左ニ掲クル者ハ陪審員タルコトヲ得ス
　1号　禁治産者，準禁治産者
　2号　破産者ニシテ復権ヲ得サルモノ
　3号　聾者，唖者，盲者
　4号　懲役，6年以上ノ禁錮，旧刑法ノ重罪ノ刑又ハ重禁錮ニ処セラレタル者

第14条　左ニ掲クル者ハ陪審員ノ職務ニ就カシムルコトヲ得ス
　1号　国務大臣
　2号　在職ノ判事，検察官，陸軍法務官，海軍法務官
　3号　在職ノ行政裁判所長官，行政裁判所評定官
　4号　在職ノ宮内官吏
　5号　現役ノ陸軍軍人，海軍軍人
　6号　在職ノ庁府県長官，郡長，島司，庁支庁長
　7号　在職ノ警察官吏
　8号　在職ノ監獄官吏
　9号　在職ノ裁判所書記長，裁判所書記
　10号　在職ノ収税官吏，税関官吏，専売官吏
　11号　郵便電信電話鉄道及軌道ノ現業ニ従事スル者並船員
　12号　市町村長
　13号　弁護士，弁理士
　14号　公証人，執達吏，代書人
　15号　在職ノ小学校教員
　16号　神官，神職，僧侶，諸宗教師
　17号　医師，歯科医師，薬剤師
　18号　学生，生徒

第15条　陪審員ハ左ノ場合ニ於テ職務ノ執行ヨリ除斥セラルヘシ
　1号　陪審員被害者ナルトキ
　2号　陪審員私訴当事者ナルトキ
　3号　陪審員被告人，被害者若ハ私訴当事者ノ親族ナルトキ又ハ親族タリシトキ
　4号　陪審員被告人，被害者又ハ私訴当事者ノ属スル家ノ戸主又ハ家族ナルトキ
　5号　陪審員被告人，被害者又ハ私訴当事者ノ法定代理人，後見監督人又ハ保佐人ナルトキ
　6号　陪審員被告人，被害者又ハ私訴当事者ノ同居人又ハ雇人ナルトキ
　7号　陪審員事件ニ付告発ヲ為シタルトキ
　8号　陪審員事件ニ付証人又ハ鑑定人ト為リタルトキ
　9号　陪審員事件ニ付被告人ノ代理人，弁護人，輔佐人又ハ私訴当事者ノ代理人ト為リタルトキ
　10号　陪審員事件ニ付判事，検察官，司法警察官又ハ陪審員トシテ職務ヲ行ヒタルトキ

第16条　左ニ掲クル者ハ陪審員ノ職務ヲ辞スルコトヲ得
　1号　60歳以上ノ者
　2号　在職ノ官吏，公吏，教員
　3号　貴族院議員，衆議院議員及法令ヲ以テ組織シタル議会ノ議員但シ会期中ニ限ル

第29条　陪審ハ12人ノ陪審員ヲ以テ之ヲ構成ス

第30条　陪審ハ検察官被告事件ヲ陳述スル時ヨリ裁判所書記陪審ノ答申ヲ朗読スル迄同一ノ陪審員ヲ以テ之ヲ構成スルコトヲ要ス

第31条　裁判長ハ事件2日以上引続キ開廷ヲ要スト思料スルトキハ12人ノ陪審員ノ外1人又ハ数人ノ補充陪審員ヲ公判ニ立会ハシムルコトヲ得
②項　補充陪審員ハ陪審ヲ構成スヘキ陪審員疾病其ノ他ノ事由ニ因リ職務ヲ行フコト能ハサル場合ニ於テ之ニ代ルモノトス
③項　補充陪審員数人アル場合ニ於テ前項ノ職務ヲ行フハ第65条ノ規定ニ依リ為シタル抽籤ノ順序ニ依ル

第35条　陪審ノ評議ニ付スヘキ事件ニ付テハ裁判長ハ公判準備期日ヲ定ムヘシ

第39条　公判期日ヲ定メタル後被告人ノ請求ニ因リ事件ヲ陪審ノ評議ニ付スヘキモノトシタルトキハ其ノ公判期日ヲ公判準備期日トス

第41条　第2条ノ規定ニ依リ事件ヲ陪審ノ評議ニ付スルトキハ裁判長ハ被告人ニ対シ事件ヲ陪審ノ評議ニ付スルコトヲ辞シ得ヘキ旨ヲ告知スヘシ

第58条　陪審員ニ対スル呼出状ニハ出頭スヘキ日時，場所及呼出ニ応セサルトキハ過料ニ処スルコトアルヘキ旨ヲ記載スヘシ

第59条　陪審員疾病其ノ他已ムコトヲ得サル事由ニ因リ呼出ニ応スルコト能ハサル場合ニ於テハ其ノ職務ヲ辞スルコトヲ得此ノ場合ニ於テハ書面ヲ以テ其ノ事由ヲ疏明スヘシ

第60条　陪審構成ノ手続ハ判事，検察官，裁判所書記，被告人，弁護人及陪審員列席シ公判廷ニ於テ之ヲ行フ

②項　前項ノ手続ハ之ヲ公行セス

第70条　裁判長ハ陪席判事ノ1人ヲシテ被告人ノ訊問及証拠調ヲ為サシムルコトヲ得
②項　陪審員ハ裁判長ノ許可ヲ受ケ被告人，証人，鑑定人，通事及翻訳人ヲ訊問スルコトヲ得

第77条　前条ノ弁論終決後裁判長ハ陪審ニ対シ犯罪ノ構成ニ関シ法律上ノ論点及問題トナルヘキ事実並証拠ノ要領ヲ説示シ犯罪構成事実ノ有無ヲ問ヒ評議ノ結果ヲ答申スヘキ旨ヲ命スヘシ但シ証拠ノ信否及罪責ノ有無ニ関シ意見ヲ表示スルコトヲ得ス

第78条　裁判長ノ説示ニ対シテハ異議ヲ申立ツルコトヲ得ス

第79条　裁判長ノ問ハ主問ト補問トニ区別シ陪審ニ於テ然リ又ハ然ラスト答ヘ得ヘキ文言ヲ以テ之ヲ為スヘシ
②項　主問ハ公判ニ付セラレタル犯罪構成事実ノ有無ヲ評議セシムル為之ヲ為スモノトス
③項　補問ハ公判ニ付セラレタルモノト異リタル犯罪構成事実ノ有無ヲ評議セシムル必要アリト認ムル場合ニ於テ之ヲ為スモノトス
④項　犯罪ノ成立ヲ阻却スル原由トナルヘキ事実ノ有無ヲ評議セシムル必要アリト認ムルトキハ其ノ問ハ他ノ問ト分別シテ之ヲ為スヘシ

第82条　裁判長ハ評議ヲ為サシムル為陪審員ヲシテ評議室ニ退カシムヘシ
②項　裁判長ハ公判廷ニ於テ示シタル証拠物及証拠書類ヲ陪審ニ交付スルコトヲ得

第83条　陪審員ハ裁判長ノ許可ヲ受クルニ非サレハ評議ヲ了ル前評議室ヲ出テ又ハ他人ト交通スルコトヲ得ス
②項　陪審員ニ非サル者ハ裁判長ノ許可ヲ受クルニ非サレハ評議室ニ入ルコトヲ得ス

第84条　陪審ノ答申前陪審員ヲシテ裁判所ヲ退出セシムル場合ニ於テハ裁判長ハ陪審員ニ対シ滞留ノ場所及他人トノ交通ニ関シ遵守スヘキ事項ヲ指示スヘシ

第85条　陪審員第83条第1項ノ規定ニ違反シタルトキ又ハ前条ノ規定ニ依リ指示セラレタル事項ヲ遵守セサルトキハ裁判所ハ其ノ陪審員ニ対シ職務ノ執行ヲ禁止スルコトヲ得

第86条　陪審員ハ陪審長ヲ互選スヘシ
②項　陪審長ハ議事ヲ整理ス

第87条　陪審ハ評議ヲ了ル前更ニ説示ヲ請求スルコトヲ得此ノ場合ニ於テハ公判廷ニ於テ其ノ申立ヲ為スヘシ

第88条　答申ハ問ニ対シ然リ又ハ然ラスノ語ヲ以テ之ヲ為スヘシ但シ問ニ掲クル事実ノ一部ヲ肯定又ハ否定スルトキハ之ニ付然リ又ハ然ラスノ語ヲ以テ答申スヘシ

第89条　評議ハ先ツ主問ニ付之ヲ為スヘシ
②項　主問ヲ否定シタル場合ニ於テ補問アルトキハ之ニ付評議ヲ為スヘシ

第90条　陪審員ハ問ニ付各其ノ意見ヲ表示スヘシ
②項　陪審長ハ最後ニ其ノ意見ヲ表示スヘシ

第91条　犯罪構成事実ヲ肯定スルニハ陪審員ノ過半数ノ意見ニ依ルコトヲ要ス
②項　犯罪構成事実ヲ肯定スル陪審員ノ意見其ノ過半数ニ達セサルトキハ之ヲ否定シタルモノトス

第93条　裁判長ハ公判廷ニ於テ裁判所書記ヲシテ問及之ニ対スル陪審ノ答申ヲ朗読セシムヘシ

第94条　前条ノ手続終リタルトキハ裁判長ハ陪審員ヲ退廷セシムヘシ

第95条　裁判所陪審ノ答申ヲ不当ト認ムルトキハ訴訟ノ如何ナル程度ニ在ルヲ問ハス決定ヲ以テ事件ヲ更ニ他ノ陪審ノ評議ニ付スルコトヲ得

第96条　陪審犯罪構成事実ヲ肯定スルノ答申ヲ為シタル場合ニ於テ裁判所前条ノ決定ヲ為ササルトキハ検察官ハ適用スヘキ法令及刑ニ付意見ヲ陳述スヘシ
②項　被告人及弁護人ハ意見ヲ陳述スルコトヲ得
③項　被告人又ハ弁護人ニハ最終ニ陳述スル機会ヲ与フヘシ

第97条　陪審ノ答申ヲ採択シテ判決ノ言渡ヲ為スニハ裁判所ハ陪審ノ評議ニ付シテ事実ノ判断ヲ為シタル旨ヲ示スヘシ
②項　有罪ノ言渡ヲ為スニハ罪ト為ルヘキ事実及法令ノ適用ヲ示スヘシ刑ノ加重減免ノ原由タル事実上ノ主張アリタルトキハ之ニ対スル判断ヲ示スヘシ
③項　無罪ノ言渡ヲ為スニハ犯罪構成事実ヲ認メサルコト又ハ被告事件罪トナラサルコトヲ示スヘシ

第108条　陪審員ハ左ノ場合ニ於テハ500円以下ノ過料ニ処ス
　1号　故ナク呼出ニ応セサルトキ
　2号　宣誓ヲ拒ミタルトキ
　3号　第83条第1項ノ規定ニ違反シタルトキ
　4号　故ナク退廷シタルトキ
　5号　第84条ノ指示ニ違反シタルトキ

第109条　陪審員評議ノ顛末又ハ各員ノ意見若ハ其ノ多少ノ数ヲ漏泄シタルトキハ1000円以下ノ罰金ニ処ス
②項　前項ノ事項ヲ新聞紙其ノ他ノ出版物ニ掲載シタルトキハ新聞紙ニ在リテハ編輯人及発行人其ノ他ノ出版物ニ在リテハ著作者及発行者ヲ2000円以下ノ罰金ニ処ス

第110条　裁判長ノ許可ヲ受ケスシテ陪審ノ評議室ニ入リ又ハ陪審ノ評議ヲ了ル前裁判所内ニ於テ陪審員ト交通シタル者ハ500円以下ノ罰金ニ処ス

第111条　陪審ノ評議ニ付セラレタル事件ニ付陪審員ニ対シ請託ヲ為シ又ハ評議ヲ了ル前私ニ意見ヲ述ヘタル者ハ1年以下ノ懲役又ハ2000円以下ノ罰金ニ処ス

【陪審法ノ停止ニ関スル法律】

（昭和18年4月1日法律第88号）
最終改正：昭和21年3月23日勅令第161号

陪審法ハ其ノ施行ヲ停止ス

※　読者の便を考え，本書で引用した判決文・条文については，① 年月日・条文数などの漢数字は算用数字に，② 促音は小活字に書き改めています。

■ 著者紹介

村 井 敏 邦（むらい・としくに）

【プロフィール】 1941年大阪市北区浮田町生まれ。小学校5年生から新宿育ち。阪神ファン。
商売人の父の影響で一橋大学商学部に入学。卒業前に見た連続テレビドラマ「弁護士プレストン」に魅せられて、社会的に虐げられている人のための弁護士を志望。一橋大学法学部に学士入学し、司法試験を受ける。66年から2年間の司法修習を修了後、68年一橋大学助手に。同大学講師、助教授、教授、龍谷大学法学部教授を経て、2005年4月から2010年3月まで龍谷大学法科大学院教授。
現在、弁護士、一橋大学名誉教授、龍谷大学名誉教授。

【主要業績】 『公務執行妨害罪の研究』（成文堂、1984年）、『疑わしきは…──ベルショー教授夫人殺人事件』エレン・ゴドフリー著／村井敏邦・村井のり子共訳（日本評論社、1995年）、『罪と罰のクロスロード』（大蔵省印刷局、2000年）、『刑法──現代の「犯罪と刑罰」〔新版〕』（岩波書店、2005年）、『民衆から見た罪と罰─民間学としての刑事法学の試み』（龍谷大学矯正・保護研究センター叢書）（花伝社、2005年）等多数。

裁判員のための刑事法ガイド

2008年10月31日　初版第1刷発行
2011年5月25日　初版第4刷発行

著　者	村　井　敏　邦
発行者	田　靡　純　子
発行所	株式会社 法律文化社 〒603-8053 京都市北区上賀茂岩ヶ垣内町71 電話 075(791)7131　FAX 075(721)8400 URL:http://www.hou-bun.com
印　刷	共同印刷工業㈱
製　本	㈱藤沢製本
装　幀	谷本天志

ISBN 978-4-589-03126-6
Ⓒ 2008 Toshikuni Murai Printed in Japan

村井敏邦・後藤貞人編

被告人の事情／弁護人の主張
―裁判員になるあなたへ―

A5判・210頁・2520円

第一線で活躍する刑事弁護人のケース報告に研究者・元裁判官がそれぞれの立場からコメントを加える。刑事裁判の現実をつぶさに論じることで裁判員になるあなたに問いかけ，厳罰化傾向にある現状に待ったをかける一冊。

木谷　明著

刑事事実認定の理想と現実

A5判・252頁・3570円

近年相次いで明るみにでた冤罪事件。裁判員制度の下で，はたして冤罪は防ぐことができるのか。実務の観点から，刑事裁判の実情と適正化への方途を説得的に展開する。理想の裁判実現を願う元裁判官からのメッセージ。

赤池一将・中川孝博著，玄　守道・斎藤　司補訂

刑　事　法　入　門〔第2版〕

B5判・214頁・2625円

基礎的な知識，ものの見方，分析する技術など，刑事法を使いこなすためのエッセンスを修得できる参加型テキスト。講義パートと自習パートという構成は旧版を踏襲しながら，最新の情報を取り入れ，読みやすいB5判になった新版。

中川孝博・葛野尋之・斎藤司著

刑　事　訴　訟　法　講　義　案

B5判・236頁・2835円

情報量をおさえて要点を列挙し，基本的な論理の流れや知識間の関連づけを整理した講義パートと，そこで得た知識を定着させるための短答パートとからなるテキスト。刑事訴訟法の基本的思考枠組を形成するために最適。

葛野尋之・中川孝博・渕野貴生編

判例学習・刑事訴訟法

B5判・352頁・2940円

法が解釈・適用される事案解決過程の有機的関連を意識したテキスト。法の適用部分を丁寧に紹介し，当該判例の位置付けや学生が誤解しやすいポイントを簡潔に解説。101の重要判例を収録。

―― 法律文化社 ――

表示価格は定価（税込価格）です